L_n^{27} 11279.

NEY, MARÉCHAL D'EMPIRE,
Né à Sarrelouis, le 10 Janvier 1769.

VIE MILITAIRE
DE
MICHEL NEY,
Maréchal de l'Empire,

PUBLIÉE

Par Verronnais, Imprimeur,

MISE EN VENTE

AU PROFIT

DE LA SOUSCRIPTION

OUVERTE DANS LE BUT D'ÉLEVER UNE STATUE A CE MARÉCHAL

SUR UNE DES PLACES DE LA VILLE DE METZ.

METZ, Chez VERRONNAIS, Imprimeur-Libraire-Éditeur,
RUE DES JARDINS, 14.

PARIS, Chez COURCIER, Libraire, rue Hautefeuille, 9.

1853.

METZ. — TYP. DE VERRONNAIS.

AVIS DE L'ÉDITEUR.

L'hommage public de la reconnaissance dont le Gouvernement a pris l'initiative envers le Maréchal Ney, doit inspirer à tous les citoyens bien pensants, le désir de concourir, soit par ses œuvres, soit par une offrande à rendre le monument que l'on destine à perpétuer la mémoire du Héros de la Bérésina, digne des hauts-faits, et de l'immense réputation qu'il s'est acquise. Tous les Français que touche la gloire dont Michel Ney a couvert la mère patrie, tressailliront de bonheur en contemplant sur une de nos places publiques, la statue vénérée de celui que l'immortelle armée qui succomba à Waterloo, avait surnommé le Brave des Braves.

Le département de la Moselle qui a vu naître le prince de la Moskowa, ne restera pas sourd à l'appel de l'Édilité départementale pour honorer la mémoire du plus vaillant et du plus illustre de ses fils; Metz, la cité bienfaisante et belliqueuse ajoutera un nouveau fleuron à la couronne qui ceint sa tête, par les sacrifices qu'elle s'imposera pour éterniser la mémoire de notre compatriote.

Pour nous qui ne reculons devant aucun sacrifice, lorsqu'il s'agit de la glorification de notre belle cité, nous nous sommes mis à l'œuvre et nous avons coordonné les matériaux puisés dans la Biographie de la Moselle *dont nous sommes l'éditeur, dans les* Fastes de la Légion-d'Honneur*, *Biographie de tous les décorés*, *et dans d'autres Ouvrages estimés, et nous en avons fait ce petit volume que nous offrons au public, en faveur de la Souscription. Nous devons aux soins empressés et au dévoucment si connu de M. Hussenot fils, notre compatriote, artiste distingué dans son genre, et à M. Verronnais fils, la gravure du dessin qui orne notre brochure; qu'ils reçoivent ici nos sincères remercîments, pour l'obligeance qu'ils ont mise, à condescendre à nos désirs. Puissent nos efforts plaire à nos concitoyens, et les engager à participer à cet acte de réhabilitation, et nos vœux seront comblés.*

F. Verronnais

---

* Ouvrage en cinq volumes in-8.°, prix : 60 francs, à Paris, bureau de l'administration, place Royale, 20; imprimé en 1844. Les auteurs de ce bel ouvrage, sont MM. Lievyns, agrégé de l'Université; Verdot, chef d'Institution; Bégat, Ingénieur Hydrographe de la Marine.

PRÉFACE.

Pourquoi le nom de Michel Ney, de ce valeureux et noble fils du peuple, éveille-t-il dans tous les cœurs de si touchants et si sympathiques souvenirs? — C'est que l'imagination voit à côté de l'auréole qui brille sur le front du guerrier, le sang qui s'échappe de la poitrine du martyr, et qui, versé loin du champ de bataille, semble demander vengeance à la terre sur laquelle il retombe!

Mais nous nous trompons : le temps, qui à la longue guérit tant de blessures, a cicatrisé celle qui atteignit la France au cœur, le jour où tomba un de ses plus héroïques enfants. En 1853 on ne dit plus comme en 1815 :

> Après vingt-cinq ans de travaux,
> Et la plus glorieuse vie,
> J'ai vu sous le plomb des bourreaux
> Tomber l'honneur de ma patrie !...
> Jour de vengeance, ô jour si cher !
> Quand reverrai-je ton aurore ?
> Il me reste un bras et du fer,
> Je n'y renonce pas encore.

Le temps des récriminations est passé et celui de la réparation est venu. La réparation ! il y a trente-huit ans qu'elle existe dans le cœur du pays. Elle y existe depuis le jour où le *brave des braves* succomba en faisant rougir la fortune d'avoir osé permettre qu'il pérît d'une telle mort; il est temps qu'elle se manifeste à la face du soleil et qu'elle apparaisse comme une sainte expiation aux yeux des générations futures.

Telle est la pensée toute française dans laquelle le projet d'élever une statue au maréchal Ney a pris sa source.

Tous les partis s'honoreront en prenant part à l'accomplissement de ce projet patriotique, car tous les partis qui osent avouer leurs secrets sentiments doivent gémir sur le sort d'une telle victime.

Nous savons tout ce qui a été dit sur la mort de l'infortuné maréchal Ney, et tous les prétextes à l'aide desquels on essaya dans le temps, sinon de la justifier, du moins de l'expliquer, tombent devant cette considération puissante : la capitulation de Paris garantissait formellement que nul ne pourrait être inquiété ni recherché pour avoir pris part aux faits politiques antérieurs à sa promulgation. Cette clause garantissait la tête du maréchal Ney comme celle des autres généraux, ses compagnons d'armes, qui, avec l'armée, avec la France entière, avaient suivi la fortune de l'Empereur à son retour de l'île d'Elbe; et comme le maréchal Ney avait l'habitude de respecter et d'exécuter les capitulations qu'il avait signées, il jugea de la loyauté des autres par la sienne, et il se trompa...

La Moselle a eu l'honneur insigne de voir naître Michel Ney, et c'est à elle qu'il appartient d'élever un monument à sa mémoire. Tous les autres départements s'associeront à cette pieuse manifestation; car le maréchal Ney n'est pas seulement un enfant de la Moselle, il est l'illustre et noble fils de la France. Metz, la cité guerrière par excellence, était l'emplacement le plus heureux qu'il fût possible de choisir pour un tel monument; la main sur son épée, le regard tourné vers la frontière, l'image du maréchal Ney protégera ses remparts.

Puissions-nous voir bientôt l'image vénérée du

brave des braves s'élever au milieu de nos murs, et en nous tendant tous une main fraternelle et amie, abjurer à ses pieds nos discordes civiles !

BOURSEUL,

Secrétaire-Archiviste de la place de Paris.

MICHEL NEY.

La figure historique du maréchal Ney apparaît déjà dans l'histoire comme celle de ces anciens héros que la lyre d'Homère et de Virgile ont offerts à l'admiration des siècles; et la pompeuse majesté de l'homme sans modèle et sans rival qui gouverna la France, n'ôte rien au prestige éclatant qui accompagne l'un des plus illustres guerriers de la Moselle. Créateur de son propre avenir, Ney se montre entouré d'une gloire impérissable à laquelle les baïonnettes étrangères ont cru vainement imprimer une tache, par un arrêt dont l'odieux retombe sur elles-mêmes. Tant que le soleil éclairera les champs d'Elchingen et de la Moskowa, on verra le génie de la victoire s'incliner pour saluer dans l'avenir la grande ombre du maréchal Ney.

NEY (MICHEL), surnommé *le brave des braves*, duc d'Elchingen, prince de la Moskowa, maréchal et pair de France, grand-aigle de la Légion-d'Honneur et chef de la 7.ᵉ cohorte de cette légion, chevalier de l'ordre du Christ de Portugal, membre de l'ordre royal et militaire de Saint-Louis, est né le 10 janvier 1769, à Sarrelouis. Son père, maître tonnelier, doué d'une certaine aisance, ne négligea rien pour donner à son fils une éducation soignée, principe de l'éclatante fortune à laquelle il est parvenu, et le fit entrer dans la forge de Falck, canton de Bouzonville (Moselle), en qualité de commis de M. Besson, alors propriétaire de cette usine.

Le 12 février 1787, à peine âgé de dix-huit ans, il s'enrôla, malgré l'opposition de sa famille, dans le régiment de Colonel-Général-Hussard, alors en garnison à Metz.

Son aptitude, sa bonne conduite, son allure militaire, ne tardèrent pas à lui procurer la bienveillance de ses chefs. Il obtint promptement le grade de sous-officier, qu'un roturier ne franchissait guère dans ce temps-là.

C'est au moment de cette promotion qu'il eut, avec un nommé Malasson, du régiment des chasseurs de Vintimille, un duel dont les conséquences lui fournirent dans la suite l'occasion d'une bonne action.

Malasson était un spadassin dangereux, toujours le sabre à la main, redoutable aux jeunes recrues et même à d'habiles tireurs. Il avait blessé le maître d'armes du Colonel-Général-Hussard et insulté le régiment. Les sous-officiers se réunirent pour punir l'insolent. Comme le plus brave et le plus adroit, Ney, fait brigadier depuis peu, est chargé de la vengeance de ses camarades. On se rend sur le terrain. Les sabres sont croisés. Tout-à-coup Ney se sent violemment tirer par derrière : c'est son colonel qui le fait arrêter et jeter dans un cachot.

Le duel était alors puni de mort. Heureusement l'affection de ses camarades et de ses chefs tira Ney de ce mauvais pas. Les sous-officiers allèrent en masse demander sa grâce chez le colonel. Ney en fut quitte pour une assez longue captivité qui le sauva du conseil de guerre. A peine sorti de prison, il n'hésite pas, malgré le double danger qu'il va encore courir, à rester le champion d'une querelle qu'il croit ne pouvoir vider honorablement que par les armes. Un nouveau combat a lieu plus secrètement. Ney est vainqueur. Un coup de sabre sur le poignet estropie pour jamais son adversaire qui, réformé par suite de cette blessure, tomba bientôt dans la misère. Le brigadier, devenu riche, n'oublia pas son duel; il chercha le malheureux Malasson, parvint à le découvrir, et lui fit une pension.

Le fils du plébéien obscur, qui aurait à peine entrevu dans le lointain, sous l'ancien régime, une épaulette d'officier de fortune, vit s'ouvrir pour lui, avec la révolution de 1789, une carrière sans limites. Ney accepta avec enthousiasme les principes de notre régénération politique, sans jamais se faire solidaire ni par ses sentiments, ni par ses actes, des excès qui souillent les plus belles causes.

Élevé d'abord au grade de lieutenant, à l'ouverture de la campagne de 1792, il fut attaché en qualité d'aide-de-camp à l'état-major des généraux Lamarck et Colaud.

Nommé depuis peu capitaine de hussards à l'armée du Nord, Ney était impatient de signaler son courage. Il joint la cavalerie anglaise et la charge avec tant de confiance qu'il la rompt, et pousse, à la tête d'un faible détachement, jusqu'au-delà des camps et des lignes de l'armée ennemie. Un escadron se trouve sur sa route, il l'attaque, le disperse, et s'acharne à la poursuite de l'officier-général qui le conduit; il l'atteint et le somme de se rendre. Celui-ci, étourdi de la vivacité de la poursuite, du langage animée de Ney, ne cherche pas à se défendre; il aime mieux traiter. « Voici ma bourse pleine d'or, laissez-moi fuir, prenez. » Cette proposition fait sourire l'officier français; l'anglais espère et prend courage. « Vous êtes entouré de nos troupes, vous allez infailliblement être pris; voici de l'or ; faites mieux, restez avec nous, vous aurez un avancement rapide... Ah! c'est trop fort, reprend le capitaine indigné, en lui mettant la pointe de son sabre sur la poitrine ; de l'argent et une désertion ! c'est vous qui déserterez à la face de votre armée ; vous allez charger avec moi ; si vous faites mine de vous échapper, vous êtes mort. Il dit : à moi, hussards, en avant ! » pousse son cheval, renverse tout ce qui se trouve sur son passage ; traverse de nouveau les rangs des Anglais, ébahis de voir un des leurs suivre côte à côte cet officier français, qui se précipite sur eux avec tant de fureur. Ney conduit au quartier-général son riche prisonnier et se contente de lui dire : « Gardez votre or, vous en aurez plus besoin que moi ; mais une autre fois soyez plus circonspect quand vous voudrez parlementer. »

Il fut nommé chef d'escadron la même année, et choisi par Kléber, qui l'avait distingué, pour commander un corps de partisans avec lequel il rendit des services signalés. Devenu adjudant-général, Ney, en l'an III, se trouvait à la tête de la cavalerie de la division du général Colaud, et, à cette époque déjà, l'activité et le courage bouillant de notre compatriote l'avaient fait distinguer au point qu'on l'appelait *l'infatigable*.

La guerre avait continué. Au siége de Maëstricht, Ney rendit de grands services. Après la prise de cette ville, il alla volontairement partager les travaux de l'armée devant Mayence, commandée par Kléber.

Un jour l'ennemi sort avec hardiesse de la place, couronne une redoute et brave les efforts de nos soldats. Ce défi irrite le courage de Ney. Il réunit quelques dragons, auxquels il joint un petit nombre de voltigeurs empruntés au chef de bataillon Molitor : *Je vais*, lui dit-il, *vous faire un coup à la façon de Sambre-et-Meuse.* — Il met aussitôt ses voltigeurs en mouvement, et pendant qu'ils attaquent de front, il tourne l'ouvrage et s'élance sur sa gorge à la tête des dragons en traversant un fossé glacé. Ceux-ci hésitent et n'osent le suivre, il pénètre seul dans la redoute, où il est bientôt cerné. Mais il se fait jour, puis il franchit de nouveau le fossé sous une grêle de balles. Il avait été atteint au bras. La fatigue, le cahotement du cheval aggravent sa blessure, et bientôt une sorte de tétanos se déclare. Sombre, délirant, exalté par la fièvre, il repousse les chirurgiens. Ses camarades veulent le rappeler à lui. Ils ne peuvent y parvenir. Alors on vit combien ce vaillant soldat était cher aux chefs de l'armée. Le général Kléber, le représentant Merlin, n'ont plus qu'une pensée, celle de le conserver à la patrie. Toutes les tentatives mises en œuvre pour diminuer sa maladie avaient été jusqu'ici sans succès. On s'avise enfin d'un moyen tout nouveau. Kléber et Merlin font venir de la musique, réunissent les jeunes filles d'un village voisin, et font danser la farandole autour du lit du malade. Cette bruyante joie à laquelle le général en chef et le représentant du peuple n'avaient pas dédaigné de présider, fatigue d'abord le malade ; il ne tarde pas à s'y abandonner lui-même, et livre enfin son bras au chirurgien. — Quelques instants après, on vint lui annoncer qu'il était nommé chef de brigade : il s'inquiète, il hésite....; il ne crut pas avoir assez fait pour mériter un tel grade. Ni les instances de Kléber, ni celles de Merlin ne purent le décider à l'accepter.

En 1796, l'adjudant général Ney rentra à l'armée de Sambre-et-Meuse, dont Jourdan était le général en chef.

Il cueillit de nombreux lauriers sur les rives de la Lahn, mérita journellement des éloges de Kléber, Jourdan, etc.; et de plusieurs autres illustrations militaires, et reçut le brevet de général de brigade qu'il refusa, ne se trouvant pas encore digne d'un commandement en chef ; modestie rare qui forme un des traits de ressemblance de Ney avec le maréchal de Fabert. En l'an IV, Ney, toujours à la tête de l'avant-garde de la division Colaud, passe la Sieg, repousse vigoureusement la cavalerie ennemie, bien supérieure en nombre, se distingue à la bataille d'Altenkirchen, et s'empare des magasins de Diersdorff et de Bendorff. Ces approvisionnements considérables, formés dans un pays où les transports sont très-difficiles, ont été fort utiles à l'armée.

Le général Colaud ayant dirigé ses troupes sur Valmerode, Ney fut chargé d'éclairer leur marche, de flanquer la droite et de se porter sur Montabaur. Il part avec la rapidité de l'éclair, repousse partout les avant-postes, arrive à Montabaur, s'empare d'un magasin considérable et met en fuite tout ce qui s'oppose à sa marche victorieuse. L'ennemi consterné recule ; mais la garnison d'Ehrenbreitstein ayant fait une sortie pendant la nuit, marche sur Montabaur et y arrive vers deux heures avec l'intention d'incendier ce qu'elle n'a pu dérober à l'armée française. Ney ne laisse pas aux troupes autrichiennes le temps d'exécuter leur projet ; à peine a-t-il appris leur marche qu'il vole à leur rencontre, les attaque et les repousse après avoir fait quelques prisonniers. L'ennemi n'avait encore apporté que de faibles obstacles aux progrès de la division Colaud ; mais après le passage de la Lahn, Ney rencontra en avant de Nidernal l'avant-garde du général Kray qui avait concentré ses troupes entre Obermel, Nauheim et le Welter. Le combat s'engage, et ce qui n'était d'abord qu'une escarmouche d'avant-garde devient bientôt une affaire générale. Ney, sans s'arrêter à la supériorité de l'ennemi, marche en avant, suivi de la 20.ᵉ demi-brigade d'infanterie légère, et gagne le sommet de la première hauteur. Plusieurs charges de cavalerie ont lieu ; le 11.ᶜ régiment de dragons et le 6.ᵉ de chasseurs se couvrent de gloire, et le premier de ces deux corps s'étant replié à propos, attire la cavalerie autrichienne dans une embuscade dressée par l'infanterie de la division Colaud qui avait opéré un mouvement pour soutenir l'avant-garde. Une décharge de mousqueterie et celle de plusieurs canons chargés à mitraille mettent le désordre dans les rangs de la cavalerie ennemie ; mais elle se rallie, cerne et attaque avec vigueur le village d'Obermel dont nos troupes s'étaient emparées ; Ney charge cette cavalerie avec la plus grande impétuosité ; la résistance est aussi vive que l'attaque, et ce n'est qu'à neuf heures du soir, après avoir été repoussé quatre fois, que notre compatriote reste maître du village et du champ de bataille. Ces détails se trouvent consignés dans un rapport de Jourdan où il fait le plus grand éloge de Ney.

Le 5 thermidor, l'armée autrichienne, forcée d'abandonner Wurtzbourg, avait laissé dans la place 2,000 hommes d'infanterie et trois cents chevaux. Ney, mettant à profit l'avantage qu'il a remporté devant Obermel, arrive le 6 sous les murailles de Wurtzbourg, suivi d'un simple détachement de cent hommes. Il chasse une partie de la légion de Bussy qui veut s'opposer à sa marche audacieuse, et manœuvre avec tant d'habileté qu'il paraît se multiplier. Il s'avance ensuite fièrement aux portes de la ville, et somme le gouverneur intimidé de se rendre à l'instant même. Une capitulation est aussitôt signée ; Wurtzbourg tombe au pouvoir des Français.

Il avait montré aussi, pendant cette campagne, qu'il n'était pas seulement intrépide dans le combat, mais encore qu'il était généreux après la victoire. Ney ayant trouvé dans la place de Forskeim un grand nombre d'émigrés français, parvint fort adroitement à éluder l'ordre de les fusiler. Ce mélange de bravoure et de générosité étonna le représentant du peuple en mission, qui dit au général Kléber : « Votre ami Ney s'est conduit en homme d'honneur pendant le combat et après la victoire ; il sait répandre et épargner le sang français. » Il est à remarquer que quelques-uns de ces émigrés sont ceux qui, dix-huit ans plus tard, devaient se prononcer avec le plus d'acharnement contre le prince de la Moskowa.

L'armée de Sambre-et-Meuse passa au commencement de 1797 (an V), sous le commandement du héros pacificateur de la Vendée, du général Hoche. On recommença à l'ouverture de la campagne l'opération exécutée par Jourdan l'année précédente. Hoche déboucha sur la rive droite du Rhin par Neuwied, tandis que Championnet, avec l'aile droite, débouchait par Dusseldorff. Ney comptait déjà parmi les hommes de guerre dont l'intrépidité était mise en réserve pour les occasions décisives. Il avait été chargé par le général en chef du commandement d'une division formée de plusieurs régiments de hussards ; il contribua puissamment au succès du passage opéré à Neuwied, en enfonçant les Autrichiens à la tête de cette cavalerie. Le 16 avril, dans un combat très-vif, après avoir délogé l'ennemi de Diersdorff, il soutint pendant plus de quatre heures les efforts de 6,000 Autrichiens. Le 21 avril, il chassa l'ennemi de Gissen et le poursuivit jusqu'à Stemberg. Dans une charge, son cheval s'étant abattu, il fut entouré par un groupe de cavalerie ennemie qui le somma de se rendre. Ney répondit en se défendant avec le tronçon de son sabre brisé ; enfin, accablé de fatigue, il fut fait prisonnier.

Le général en chef réclama sur-le-champ le général Ney, et le directoire lui écrivit de la manière suivante :

« Le directoire exécutif a été vivement affecté, citoyen
« général, de l'accident qui vous fit tomber au pouvoir de
« l'ennemi. L'impétuosité de votre courage devant Giessen,

« et les manœuvres brillantes que vous avez faites à la tète
« des escadrons que vous commandiez, lui rendent encore
« cet événement plus sensible. Il espère que l'armée reverra
« bientôt l'un de ses plus audacieux officiers-généraux et dont
« le général en chef regrette particulièrement l'absence. »

L'armée ne tarda pas, en effet, à posséder le général Ney. Le 23 thermidor, il prit part, avec l'armée de Sambre-et-Meuse, au quartier général, à Wetzlar, à la célébration de l'anniversaire du 10 août, et porta le toast suivant :

« Le général Ney, commandant les hussards, au maintien
« de la république ! grands politiques de Clichy, daignez ne
« pas nous forcer à faire sonner la charge. »

Une nouvelle campagne allait s'ouvrir. Le besoin de mettre à la tête des troupes des chefs expérimentés en qui elles eussent confiance, fit élever notre compatriote au grade de général de division. Il refusa un titre auquel il ne croyait pas avoir encore assez de droits; mais le directoire lui répondit que ses exploits de l'an IV et de l'an V légitimeraient, aux yeux de la postérité, la rapidité de son avancement.

Chargé, au mois de prairial, de commander la cavalerie de l'armée d'Helvétie, il contribua puissamment aux succès de la journée du 7, où Masséna battit les Autrichiens sur la Thur; mais, le lendemain, le prince Charles ayant amené un renfort de douze mille hommes, l'ennemi reprit l'offensive, arrêta sa marche rétrograde, et trente mille hommes attaquèrent les les Français qui étaient bien inférieurs en nombre. Le combat dura depuis la pointe du jour jusques bien avant dans la nuit; l'acharnement de part et d'autre fut extrême; Ney fit des prodiges de valeur à la tête de l'avant-garde, reçut deux blessures et eut deux chevaux tués sous lui.

On reculait devant l'idée de faire le siége de Manheim. Ney

imagine un audacieux stratagème : il s'introduit dans la ville sous un costume d'officier prussien, s'assure des points faibles de la défense, de la force de la garnison, et cinq jours plus tard, avec 150 hommes déterminés, il se présente, au milieu de la nuit, aux portes de Manheim, force la garnison à une sortie, et rentre de vive force avec elle dans la place, dont il s'empare.

Ney passa, avec son nouveau grade, à l'armée du Danube, commandée par Masséna. Sa division se composait de 10 régiments de cavalerie légère et de 3 régiments de dragons. Il ne tarda pas à se signaler, dans cette nouvelle position, par de brillants succès de cavalerie, dus à l'élan et à l'impétuosité qu'il savait communiquer à ses soldats. A Altikon, il met en pleine déroute les Autrichiens, par une charge exécutée à fond avec toute sa cavalerie. Dans une pareille opération, devant Wintherthur, pendant qu'il soutenait avec 3,000 hommes l'effort de 16,000 Autrichiens, une balle lui traversa la cuisse; il fit bander sa plaie et continua à combattre jusqu'au moment où, ayant eu le pied percé d'un coup de bayonnette et le poignet fracassé, il fut obligé de céder le commandement au général Gazan.

Ney quitta alors l'armée et se rendit aux eaux de Plombières pour y rétablir sa santé.

Son quartier général se trouvait le 15 à Neckesheim, à deux lieues environ au-dessous d'Heilbron. Il était à peine rétabli que les troupes le revirent à leur tête. Il commandait l'aile droite de l'armée du Rhin, et le général Legrand* l'aile gauche, lorsque Lecourbe ayant reçu l'ordre de se rendre en Helvétie, le com-

* Le comte Claude-Juste-Alexandre Legrand, Général de division, né le 23 février 1762, au Plessier-sur-Saint-Just, département de l'Oise, se maria à Metz en 1786; sa loyauté et sa franchise

mandement en chef des trois corps d'armée fut confié à notre compatriote, en attendant l'arrivée de Moreau. A la journée de Moëskirch, le 15 prairial, il attaqua l'ennemi dans sa retraite avec son audace ordinaire, le mit en désordre et lui enleva environ dix-huit cents prisonniers. Le succès de la bataille de l'Iller fut également dû, en grande partie, à sa division. Le général Ney, après avoir débouché par le pont de Kilmentz, s'était réuni au général Sahuc, et avait poussé l'ennemi jusqu'à Dietenheim. Il était à peine dans ce village qu'une forte colonne déboucha, avec huit pièces de canon, sur Kirberg où deux bataillons de la 76.ᵉ, faisant partie de la brigade de gauche du général Ney, ne purent se soutenir. Il était instant de repousser l'ennemi qui se trouvait en face du pont de Kilmentz. Le lieutenant général Grenier * ordonne à Ney de faire une con-

---

lui acquirent l'estime des Messins; aussi, lorsque la révolution éclata, tous les Français ayant été appelés à la défense de la patrie, Legrand fut nommé chef d'un bataillon de la garde nationale de la Moselle, le 1.ᵉʳ mai 1791, et chargé de missions de confiance qui lui méritèrent les éloges les plus flatteurs.

Le conseil municipal de Metz, patrie d'adoption du général Legrand, a fait placer son portrait avec celui du maréchal Ney, dans une salle de l'Hôtel-de-Ville, parmi ceux des Messins dont la reconnaissance publique conserve les traits. (*Biographie de la Moselle, tome II.*)

M. Vesco, général de brigade, né à Metz, où il réside maintenant, a été son aide-de-camp.

* Le Comte Paul GRENIER, un de nos plus illustres guerriers, Général de division, naquit, comme le maréchal Ney, à Sarrelouis, le 29 janvier 1768. Son père, qui le destinait à le remplacer dans les fonctions d'huissier, ne négligea rien pour lui donner une éducation soignée; mais le jeune Grenier se prononça de bonne heure pour une autre carrière. Le 20 décembre 1784, n'étant âgé que de 16 ans, il s'engagea comme soldat dans ce 96.ᵉ régiment de ligne qui fut si fécond en généraux illustres, et d'où sont sortis

tre-marche et d'attaquer Kirberg. Ce général y marche avec la brigade Bonnet, et y déploie cette vigueur qui le caractérisait. Un bataillon de la 48.ᵉ qui formait la tête de la colonne, monte le plateau l'arme au bras, et sans répondre par un seul coup de fusil au feu le plus vif de l'artillerie et de la mousqueterie. Cette attaque impétueuse, soutenue par le 8.ᵉ régiment de chasseurs et le 54.ᵉ, culbute l'ennemi qui, resserré dans une route à peine frayée au milieu des bois, laissa sur ce point environ douze cents prisonniers, son artillerie et ses caissons.

Chargé du blocus d'Ingolstadt, Ney était absent lorsque dans la nuit du 27 au 28 messidor la garnison de cette ville fit une vigoureuse sortie sur la rive gauche du Danube, et força nos avant-postes de se replier jusqu'à Estesheim. Ney, étant arrivé à sept heures, réunit avec promptitude deux escadrons du 13.ᵉ de dragons, un escadron du 8.ᵉ de chasseurs, et le 2.ᵉ de hussards, et emporta le village de Gaimersheim que l'ennemi occupait en force. Chassés de ce point, les autrichiens gagnèrent les hauteurs de Wedsteltten et d'Oberhaunstatt. Ney se disposait à une seconde attaque; mais un renfort de quatre bataillons et de six bouches à feu arrivé à l'ennemi, contraignit ce général à demeurer quelque temps sur la défensive. Ayant pris de nouvelles dispositions, il ordonna une charge que couronna le plus heureux succès. L'infanterie ennemie s'enfuit en déroute

les comtes Vignolles et Despinoy. Parti pour l'île de Ré où son corps tenait garnison, il vint ensuite à Metz, dans le régiment de Nassau (infanterie), y fut nommé fourrier en 1789, et le suivit la même année, à Thionville; le 12 mars 1792, il fut nommé sous-lieutenant. La Biographie de la Moselle, tome II, lui consacre un article de 44 pages où ses beaux services militaires sont retracés.

Grenier (le baron), frère du précédent, était Général de brigade, commandant de la Légion-d'Honneur, chevalier de Saint-Louis, est également né à Sarrelouis.

poursuivie jusque sous les batteries d'Ingolstadt, elle laissa entre nos mains trois pièces de canon avec leurs caissons, et six cents prisonniers, parmi lesquels un lieutenant-colonel et quinze officiers. L'audace et le talent que déploya le général Ney dans cette affaire, sont au-dessus de tout éloge.

Ney ne se borna pas à ces exploits. Le 23 prairial an IX, il rencontra l'ennemi au-dessus de Ganershauffen, le battit et le mit en déroute jusqu'à Weisseinhorn. Il prit ensuite une part fort active au succès de la mémorable journée de Hohenlinden; et l'impétuosité avec laquelle il se porta dans le défilé de Matemport, où il tua et prit tout ce qui s'était engouffré dans le bois, ajouta à la gloire d'un des plus beaux triomphes de la révolution. Il avait été soutenu, dans son mouvement, par Grouchy et par notre illustre compatriote* Richepanse. Dans la

---

* Le général de division RICHEPANSE, acquit, en peu d'années, l'une des plus brillantes réputations militaires des armées de la République; son nom figure avec éclat sur les pages de l'histoire contemporaine, et le département de la Moselle se glorifie de lui avoir donné le jour. Richepanse naquit à Metz en 1770, il était fils d'un officier au régiment de Conti. Il entra au service au sortir de l'enfance, et après avoir passé par les grades subalternes, il devint, en 1791, sous-lieutenant dans le 1er régiment de chasseurs.

Il devint chef d'escadron en l'an II, et deux ans après, s'étant distingué au combat d'Hénef, lors du passage de la Siey, il fut nommé chef de brigade, et le 16 prairial de la même année, les champs d'Altenkirchen furent témoins de ses talents et de sa valeur. Kléber, témoin des succès de ce jeune chef de brigade, l'éleva provisoirement au grade de général de brigade.

Les armées d'Allemagne, d'Angleterre, des Alpes et d'Italie ont été témoins de la valeur de Richepanse; mais il se surpassa lui-même le 15 nivôse an VIII, à l'affaire de Bassano, où il mérita le grade de général de division, et dans les champs de Hohenlinden illustrés par Moreau. Ce général avait commencé les hostilités le 25 novembre. Le 8 décembre, Richepanse, qui était à environ deux

journée du 10 frimaire, Ney, aussi prudent qu'audacieux, ne demeura pas au-dessous de sa réputation. Il reprit l'offensive sur l'ennemi, avec un avantage marqué, força huit bataillons à battre en retraite, les poursuivit à plus d'une demi-lieue, et leur enleva deux caissons, une pièce de canon et des prisonniers.

La courte et fugitive paix de Lunéville ayant été signée, le général Ney rentra en France, et Bonaparte qui, du fond des

lieues du centre, reçut l'ordre de se mettre en route sur-le-champ avec sa division et d'assaillir les derrières de l'archiduc dès qu'il serait engagé dans les défilés. Richepanse s'élança dans la forêt à la tête du 48e régiment, jeta la confusion sur les derrières des Autrichiens, pendant que le général Walther mettait leur cavalerie dans l'impossibilité d'agir. Trois bataillons de grenadiers hongrois s'avancèrent en colonne serrée contre la colonne de Richepanse : « *Grenadiers de la 48.e*, s'écria-t-il, *que dites-vous de ces gens-là?* « — *Général, ils sont morts!* » répondirent les grenadiers, et, dans le même moment, une effroyable décharge accomplit cet oracle du courage.

Nommé en 1807, commandant en chef de l'armée expéditionnaire de la Guadeloupe, Richepanse partit de Brest avec l'escadre, et arriva devant cette île insurgée que maitrisait une poignée de brigands.

Après avoir débarqué sous le feu meurtrier de toutes les batteries de la côte qui tiraient sur nos vaisseaux, il s'empara de la Basse-Terre et de la ville; battit complètement un corps nombreux de noirs insurgés, qu'il poursuivit jusqu'au fort Bimbriche, où une partie d'entr'eux parvint à se réfugier. Attaqués et défaits de nouveau près de Danglemont, les noirs s'enfermèrent dans le fort, où cernés de tous côtés et vivement pressés par Richepanse, ils mirent le feu aux poudres et se firent sauter au nombre de trois cents. Tel fut le dernier acte de l'insurrection. La colonie avait recouvré sa tranquillité et elle allait devoir sa prospérité à l'administration paternelle de Richepanse, lorsque atteint de la fièvre jaune, ce général termina sa glorieuse carrière, à l'âge de trente-sept ans. Napoléon honora sa mémoire en donnant le nom de ce guerrier à l'une des rues de Paris.

déserts de l'Afrique, n'avait cessé de suivre le sort des guerriers dignes de soutenir les intérêts de sa gloire et de sa puissance, fit le plus obligeant accueil à Ney, il lui donna un beau sabre égyptien, en témoignage de l'estime qu'il lui portait. Plusieurs fonctions honorables lui furent successivement confiées. Nommé d'abord à celles d'inspecteur général de cavalerie, le premier consul l'envoya ensuite comme ministre plénipotentiaire auprès de la République helvétique, théâtre de toutes les trames ourdies contre la France. Jamais la confiance du gouvernement ne fut mieux placée. Ney se rendit deux fois en Suisse, et prépara par son zèle, sa fermeté et ses talens, le traité de médiation du 19 février 1803. Il mit ainsi un terme aux troubles qui désolaient l'Helvétie, et contribua puissamment à former les liens qui l'unirent depuis à la France. Voici le discours qu'il prononça le 4 juillet 1803 (15 messidor an XI), en présence de la diète assemblée :

« Messieurs les députés,

« La sollicitude du premier consul envers la Suisse n'est plus aujourd'hui un problème systématique, les hommes bien pensants, honorés de la confiance de leurs commettants et réunis dans cette enceinte, sont vivement pénétrés de l'importance des travaux dont ils auront à traiter pendant la durée de la diète, ils se persuaderont aisément que les intentions du premier consul ont été constamment dirigées vers le bonheur, la liberté et l'indépendance de l'Helvétie : tout son désir est de fortifier ces liens d'affection et de bon voisinage qui ont existé depuis tant de siècles entre les deux nations.

« Dès que le grand homme qui gouverne la France a connu la véritable position de la Suisse si long-temps en butte aux factions révolutionnaires et aux agitations intestines, il a pris la ferme résolution d'enchaîner à jamais la discorde et tous le fléaux dévastateurs qu'elle traîne à sa suite, de ramener ses habitants à l'ordre social, convaincu qu'une nation qui s'est toujours signalée par la franchise et la loyauté de son caractère, ne pouvait qu'être digne de sa protection spéciale.

« La journée du dix-huit brumaire an VIII, d'où la France date de sa renaissance à la prospérité, est aussi l'époque où les Suisses ont dû commencer à espérer un ordre de choses plus stable et plus conforme à leurs mœurs. Leur attente se trouve justifiée; et si elle ne l'a pas été plus tôt, c'est que les plaies profondes de la révolution française ne pouvaient se cicatriser tout-à-coup; de grands changements devenaient indispensables dans l'État et absorbaient les moments précieux que Bonaparte consacrait au bonheur des peuples, dont il avait si glorieusement défendu les intérêts : ce sont ses succès qui ont amené la tranquillité dont vous jouissez maintenant, et qu'il dépend de vous de perpétuer.

« L'acte de médiation du 30 pluviôse an II (19 février 1803), chef-d'œuvre de l'égislation et l'admiration des plus célèbres publicistes, a été présenté avec cette magnanimité qui caractérise ce génie extraordinaire: l'empressement que vous avez montré à l'accueillir et les témoignages de reconnaissance que vous avez manifestés pour ce bienfait inappréciable, sont des garants incontestables du bonheur que vous avez lieu d'en attendre.

« Vous êtes tous convaincus, Messieurs les Députés, que la prospérité dont jouissait la Suisse avant l'époque malheureuse des fluctuations révolutionnaires, provenait essentiellement des bienfaits sans nombre de la monarchie française, soit par les traités d'alliance défensive, de commerce et de capitulations militaires ; soit par les forces imposantes qu'elle pouvait à chaque instant déployer contre toute puissance qui aurait voulu porter atteinte à votre territoire, ou à votre constitution fédérale. Eh bien! messieurs les Députés, ces mêmes bienfaits vous sont offerts par le *premier consul*; ce gage d'estime qu'il accorde à la Suisse, doit vous convaincre de l'intérêt personnel qu'il attache à votre prospérité future. Il vous mettra à même de recouvrer cette situation heureuse, due à la modération et à l'économie que vos ancêtres avaient établies dans votre administration. Des jours plus sereins présagent un avenir satisfaisant et la première diète helvétique aura eu l'avantage glorieux d'avoir posé la première pierre de votre édifice politique.

« Je suis chargé d'annoncer à la diète, messieurs les Députés, que le premier consul m'a conféré les pouvoirs nécessaires pour renouveler avec elle une capitulation militaire, ainsi que de contracter une alliance défensive sur les bases que j'aurai l'honneur de vous communiquer. J'espère que la diète trouvera les clauses du traité de capitulation, qui lui seront proposées incessamment aussi avantageuses qu'honorables à la Suisse. La France, en prenant des troupes helvétiques, à son service, témoigne combien elle fait cas de leur fidélité et de leur valeur; elle maintient chez elle cet esprit militaire, qui, de concert avec les secours de la république française, assure l'indépendance de votre patrie. Croyez, je vous prie, messieurs les Députés, que je m'estimerai heureux d'avoir été chargé par mon gouvernement de concourir à l'affermissement de votre organisation actuelle, et que je ne cesserai pas de faire, dans toutes les circonstances, ce qui dépendra de moi pour opérer la réconciliation sincère de tous les esprits, enfin, pour assurer le repos et la félicité de la Suisse, suivant les vues bienfaisantes du premier consul. »

Le 1.er janvier 1804, Ney prit part à la cérémonie qui eut lieu à Saint-Gine, sur la frontière des cantons de Berne et de

Fribourg, à l'occasion du passage du directorat de Fribourg à celui de Berne, et de la remise du sceau de la confédération Suisse à M. Rodolphe Wattewille, nouveau landammann; conformément aux articles XIII et XIV du pacte fédéral conclu le 19 février 1803.

Après cette mission, Ney revint à Paris, où il fut reçu avec une distinction toute particulière par le premier Consul. Bonaparte avait ses projets : il connaissait le renom et l'influence dont jouissait le général parmi ces vieilles bandes de Sambre-et-Meuse et des armées du Nord, qui étaient encore toutes républicaines.

Bonaparte songea donc à le rattacher à sa fortune par des liens intimes. On proposa au général un mariage avec Mlle Auguié, amie d'enfance d'Hortense Beauharnais, belle-fille du premier Consul. Ney ayant accueilli ce projet avec joie, la négociation ne tarda pas à être heureusement menée à bonne fin par Mme Bonaparte (Joséphine).

Le général ne possédait alors, pour toute fortune, qu'une propriété de la valeur de 80,000 francs. Des débris d'une position opulente, M. Auguié avait acheté le château de Grignon. C'est là que le mariage fut célébré, au mois de thermidor an X. Dans le village de Grignon habitaient deux humbles vieillards, mariés depuis plus de cinquante ans; Ney voulut qu'ils reçussent de nouveau, en même temps que lui, la bénédiction nuptiale : *Ce couple*, avait-il dit, *me rappellera la modestie de mon origine*. Malgré des sentiments si vrais, on verra pourtant, dans la suite, le maréchal Ney, ébloui par le faux prestige des cours, se montrer vivement blessé, lui, le héros de la Moskowa, de quelques dédains passionnés des voltigeurs de 1815.

Quelques jours après le mariage, le premier consul fit pré-

sent à Ney d'un superbe sabre égyptien : « Acceptez cette arme,
« lui dit-il, en souvenir de l'amitié et de l'estime que je vous
« porte. Elle appartenait à un pacha d'Égypte, mort brave-
« ment sur le champ de bataille d'Aboukir; vous vous en ser-
« virez lorsque l'occasion de défendre la République se repré-
« sentera.—Général, s'écria Ney, je jure que ce sabre ne me
« quittera qu'avec la vie ! »

Ney exprimait là une prophétie qui s'est tristement réalisée...
Cette arme, devait être, treize ans plus tard, l'indice fatal qui
le livrerait à ses ennemis.

Les couleurs de l'indépendance, se confondant tout à coup
avec l'auréole de gloire du héros d'Italie, viennent se mêler
sur son front avec les insignes impériaux; un trône apparait
là où s'élevait la statue de la liberté, et Napoléon, Empereur,
décerne à ses compagnons d'armes ces distinctions monarchi-
ques que leurs exploits concoururent inutilement à proscrire.
Nommé Maréchal de l'Empire, Ney devient un des plus fermes
appuis du pouvoir, tant il est difficile de ne pas obéir à l'entraînement d'un homme de génie, et aux illusions d'une gloire
qu'on sait devoir rejaillir sur sa patrie.

Le 1.er floréal an XIII (21 avril 1805), Ney, décoré depuis
peu du grand cordon de la Légion-d'Honneur, fit assembler
dans la plaine de Reck toutes les troupes composant le camp
de Montreuil-sur-Mer, et distribua environ cent cinquante dé-
corations de la Légion-d'Honneur. Les nouveaux légionnaires,
tout l'état-major du Maréchal, ainsi que les officiers supérieurs
furent réunis chez lui dans un banquet magnifique donné au
milieu de l'avenue du château de Reck. Près de trois cents
convives assistaient à cette fête impériale.

Quelque temps après, le prince régent de Portugal envoya
au Maréchal Ney la décoration de l'ordre du Christ.

Pendant que Napoléon recueillait à lui seul l'héritage de la révolution, l'Autriche, aussi constante dans sa haine que la France pouvait l'être dans ses succès, recommençait une nouvelle lutte qui devait compromettre son existence. Ney quitte aussitôt le camp de Boulogne à la tête du corps qu'il y commande, et qui doit former le 6.e corps de la Grande-Armée, passe le Rhin, s'empare des débouchés du Danube, occupe toute la Carinthie dès la fin de décembre, s'empare de Trente, des lagunes de Venise, et s'établit ensuite sur le haut Adige.

L'année suivante, la Prusse voulant s'opposer à la Confédération du Rhin qui venait de naître sous l'influence du traité de Presbourg, appela Napoléon à de nouvelles hostilités. Une armée formidable, composée de sept corps, est organisée sur-le-champ, et Ney, à la tête de l'un d'eux, va cueillir de nouveaux lauriers dans les plaines d'Iéna. Il poursuit ensuite vivement l'ennemi, bloque l'importante place de Magdebourg, se prépare avec activité à en faire le siége, et reçoit sa capitulation le 8 octobre. Seize mille hommes, vingt généraux, près de huit cents pièces de canon, des magasins de toute espèce tombent en son pouvoir. Cette prise termina, en quelque sorte, cette campagne de trente jours, si féconde en heureux résultats.

Le 16 novembre, Ney fait son entrée à Berlin à la tête de son avant-garde, après s'être emparé d'Inspruck et de Hall; il se dirige ensuite vers la Pologne, passe la Vistule, repousse l'ennemi de Thorn et s'en empare le 6 décembre. Chargé de manœuvrer pour détacher le Lieutenant-Général prussien Lestocq de l'Wrka, déborder et menacer ses communications, et pour le couper des Russes, Ney dirigea ces mouvements avec son habileté et son intrépidité ordinaires. Le 26, après plusieurs engagements, il culbuta sept mille Prussiens, qui espéraient, à l'abri des marais et des obstacles dont la ville de Soldau est environnée, demeurer à l'abri de toute attaque. Six pièces de canon, plusieurs drapeaux et beaucoup de prisonniers sont demeurés entre les mains du vainqueur.

Après plusieurs mois passés en négociations pour la paix, la Russie ayant attaqué de nouveau nos avant-postes, Ney eut à soutenir le 5 juin, sur les hauteurs d'Altkirken, de Guttstadt et de Volfsdorff où était campée son armée, les efforts du Général en chef russe, du Grand-Duc Constantin, de la garde impériale, et de trois divisions. L'ennemi fut partout repoussé; mais le Maréchal français s'étant aperçu que les forces qui lui étaient opposées s'élevaient à plus de quarante mille hommes, battit en retraite et porta son camp à Ackendorff. Attaqué le lendemain à Deppen, il déploya un talent et une intrépidité qui lui méritèrent la victoire, et se porta le 8 à Guttstadt, avec l'Empereur et le Maréchal Lannes. Toutes les positions en avant de cette ville furent occupées par nos troupes, et, à huit heures du soir, nous entrâmes à Guttstadt.

La conduite brillante de Ney à Friedland, où il commandait l'aile droite, lui valurent de Napoléon le témoignage flatteur que cette partie de l'armée avait décidé la victoire; et le soldat, enthousiasmé de son courage intrépide, le décora du titre glorieux de *Brave des braves*. Arrivé le 17 à Insterbourg, il y fit environ mille prisonniers, et s'empara de nombreux magasins. Peu de jours après, l'Empereur le créa duc d'Elchingen.

Napoléon venait d'envahir la Péninsule ibérique, et déjà une insurrection générale faisait pressentir à quel point cette agression pouvait devenir fatale au conquérant dont tout jusqu'alors semblait seconder les vastes projets. Destiné à prendre part à cette nouvelle guerre, Ney, à la tête du 7.ᵉ corps, fit partie de l'armée qui s'empara de Madrid, et soumit plus tard la Galice et les Asturies. Le 25 octobre 1808, il avait son quartier général à Guardia ; le 22 novembre, il se porte à Soria, l'ancienne Numance, désarme la ville, établit un comité pour administrer la province, fait marcher ensuite son avant-garde sur Agreda pendant que sa cavalerie légère, stationnée à Médina-Cœli, battait la route de Sarragosse à Madrid. Le 26, il se porte, par Tarraçon, Corja, s'empare de trente-sept pièces de canon, d'une grande quantité d'armes, et d'un bon nombre de prisonniers, et arrive à Guadalaxara, dans les premiers jours de décembre. Le 28, après quelques succès sur l'armée espagnole, Ney établit son quartier général à Villafer. Le 19 mai, il entre à Oviédo, poursuit les ennemis jusqu'au port de Gijon, dans l'espoir d'y atteindre la Romana et Santa-Crux, et parvient après une infinité de marches pénibles et de combats partiels, à pacifier entièrement le nord de l'Espagne. Le 23, il se trouvait en communication avec le corps du duc de Dalmatie qui venait de passer le Minho à Orence. Voici, au reste, deux lettres écrites par Ney lui-même au ministre de la guerre, et qui feront parfaitement connaître les opérations de ce grand capitaine.

Oviédo, 24 mai 1809.

« J'ai l'honneur de rendre compte à Votre Excellence que l'expédition des Asturies avait été concertée avec le général Kellermann * aussitôt après son arrivée à Lugo. Cette opération importante a été promptement terminée.

---

* KELLERMANN fils (François-Étienne de), duc de Valmy, pair de France, général de division de cavalerie, grand cordon de la Légion-d'Honneur; commandant de l'ordre de la Couronne-de-Fer, Grand'croix de l'Ordre de Bavière, est né à Metz le 4 août 1770, au pavillon Saint-Simon, au Fort-Moselle. Il eut pour père François-Christophe de Kellermann, alors capitaine de hussards dans la légion de Conflans, et depuis maréchal d'empire; et pour mère, M.elle Marie-Anne Barbé, sœur du marquis de Barbé-Marbois,

« Je partis le 13 de Lugo avec le 25.ᵉ d'infanterie légère, les 27.ᵉ et 59.ᵉ de ligne seulement, le 3.ᵉ de hussards, le 25.ᵉ de dragons, huit pièces d'artillerie de montagne, portées à dos de mulet, 200,000 cartouches de réserve et sept jours de biscuit. Cette division, commandée par le général Maurice Mathieu, était divisée en quatre brigades aux ordres des généraux Lorcet, Labassée, Marcognet et Bardet. Les troupes prirent position le même jour dans le val de Pedroso.

« Le 14, on campa à Navia de Suarna ; on échangea quelques coups de fusil en y entrant, et nous y fîmes vingt-cinq prisonniers. J'appris que l'armée dite de Galice, forte de trois mille hommes de troupes de ligne et d'une multitude de paysans armés, était campée à Fuensagrada et Péguin, j'aurais pu, dès le 15, l'attaquer à revers, et le succès n'était pas douteux ; mais je préférai profiter de l'ignorance où l'ennemi était de mes desseins, pour gagner quelques marches, tomber tout à coup au centre de ses forces, et en rendre ainsi la réunion impossible. Il supposait, sans doute, qu'arrivé à Navia de Suarna, je changerais de direction à droite, pour regagner la route de Villafranca par le val de Neyra, et me diriger ensuite sur Orense.

« Le 15, je pris position à Tormaler ; on dispersa dans cette marche un convoi de trois cents mulets, portant à l'armée ennemie de la farine, des fusils et des munitions. Les paysans

---

ancien pair de France et ancien ministre du trésor public, premier président de la Cour des Comptes, grand'croix de la Légion-d'Honneur, membre de l'Institut, né à Metz le 31 janvier 1745.

Cet illustre Messin avait obtenu des lettres de marquis quelque temps avant le décès de son père, et ensuite le titre de duc de Valmy.

La Biographie de la Moselle, tome II, lui consacre un article de 14 pages.

qui restaient dans les villages, nous prenaient pour des insensés, d'oser engager des troupes dans les Asturies par un pareil chemin ; la route ou plutôt le sentier, était en effet impraticable.

« Le 16, je pris position à Gangas de Tineo ; on y trouva des recrues destinés pour Fuensagranda, je les envoyai dans leurs villages ; on détruisit des fusils et des munitions.

« Le 17, j'arrivai à Salas et portai l'avant-garde à Comellana, où je devais passer la Narcéa ; il n'existe point de pont sur ce torrent que la fonte des neiges rend très-large et très-rapide ; on y trouva heureusement deux petites barques qui pouvaient porter vingt hommes à la fois, mais il n'existait point de gué pour la cavalerie ; je me déterminai à faire ouvrir une digue pour procurer aux eaux un autre écoulement ; les troupes se livrèrent à ce travail pénible avec tant d'ardeur, qu'en trois heures la rivière baissa d'un pied, et la cavalerie et les bagages purent passer à gué : des nagueurs placés de distance en distance recueillirent six hommes que le courant entraînait ; quatre chevaux furent noyés.

« Ce n'est que le 17 que la Romana, dont le quartier général était à Oviédo, apprit avec certitude que je marchais à lui, la garnison de cette ville était de trois mille hommes, composée du régiment de la princesse et des milices ; il se hâta d'envoyer 1,200 hommes avec deux pièces de canon au pont de Pennaflor, et porta le reste de ses troupes à Gallegos, pour défendre également le pont sur la Ñora, ces deux détachements étaient munis d'outils et de poudre pour faire au besoin sauter les ponts. Tranquille après ces disposition, la Romana resta à Oviédo et envoya aux généraux Mahy et Mantizabal l'ordre de rétrograder par Salime et Lapola de Allande, pour nous couper la retraitte.

« Le 18, à six heures du matin, l'avant-garde avait passé

la Narcéa et se dirigeait sur Grado; à huit heures, toute la cavalerie et un bataillon du 25.ᵉ léger marchèrent pour la soutenir: l'ennemi qu'elle avait trouvé à Grado fut culbuté avec une extrême rapidité jusque près de Pennaflor; toutes les hauteurs étaient couvertes de paysans, et le feu devint extrêmement vif de tous côtés.

« J'ordonnai au général Lorcet d'enlever le pont à la bayonnette; cet ordre fut exécuté avec la plus grande audace, les deux pièces de canon furent prises, et on passa au fil de l'épée tout ce qu'on put atteindre d'ennemis. La cavalerie était en bataille dans une petite plaine et maintenait nos communication; mais il fallut y renoncer, parce que je voulais profiter de la terreur de l'ennemi pour enlever le pont de Gallegos. En conséquence, je laissai le bataillon du 25.ᵉ pour garder le pont et les hauteurs de Pennaflor, tandis que le bataillon de voltigeurs d'avant-garde et cinquante hussards marchèrent sur Gallegos; ce dernier pont fut assez bien défendu par le régiment de la princesse, mais néanmoins il fut enlevé, ainsi qu'une pièce de douze. On poursuivit l'ennemi à une petite distance, et on revint se barricader sur le pont pour y attendre la réunion des brigades. Cependant, le passage de la Narcéa avait continué pendant tout le jour et toute la nuit, le 19, à six heures du matin, la division était en marche sans avoir perdu un seul homme dans ce passage si dangereux. Les fuyards ennemis, auxquels s'étaient réunis plusieurs milliers de paysans, faisaient le coup de fusil sur toute la profondeur de ma colonne, depuis Gallegos jusqu'à Consellana; il fallait une compagnie pour porter les ordres d'une brigade à l'autre, quoiqu'elles fussent flanquées.

« La Romana, apprenant la défaite de ses troupes, s'enfuit d'Oviédo; les magasins et les plus riches maisons de la ville furent pillés par les paysans et la populace. Ce pillage eut des suites funestes. Ces malheureux, ivres d'eau-de-vie, entreprirent de défendre la ville et firent feu dans toutes les rues, mais avec un tel désordre que nos soldats, fatigués de tuer, se contentèrent, à la fin, de les désarmer et de les chasser de la ville.

« Le 19, à neuf heures du soir, la 3.e et la 4.e brigades étaient dans Oviédo ; l'avant-garde et la 1.re brigade prenaient position à l'embranchement de la route de Gijon et d'Avilès, ainsi qu'à Coyes et Lugnès, sur la Nora.

« La Romana s'est embarqué à Gijon, le 19, à cinq heures du matin, avec les membres de la junte, sur une corvette espagnole, retenue en vue par les vents contraires ; il a pu apercevoir l'entrée des Français.

« Le 20, les troupes entrèrent à Gijon ; on a trouvé dans cette ville et à Oviédo plus de deux cent cinquante milliers de poudre, autant de plomb, beaucoup d'artillerie, de fusils et d'équipements militaires, tout cela fourni par les Anglais. Deux brigantins de la même nation, chargés de divers effets, ont été incendiés par l'ennemi au moment de son départ ; nos soldats sont parvenus à en sauver un.

« Aujourd'hui, une petite colonne d'infanterie que j'avais envoyée sur la Polade-Lona, a fait sa jonction avec la tête des troupes du général Kellermann qui arrive ce soir ici ; cette colonne a trouvé l'ennemi et l'a culbuté.

« Demain, je pars d'ici, pour marcher contre l'armée insurgée, dite de Galice ; je sais que les chefs sont extrêmement embarrassés ; j'espère disperser leurs troupes et retourner dans mon ancienne position.

« Autant qu'on peut juger dans ce premier moment de la disposition des esprits, le peuple paraît las de la guerre ; la Romana et les autres chefs sont détestés !........

« Il est très-difficile d'apprécier la perte de l'ennemi ; elle doit avoir été énorme, car toute la route, depuis la Narcéa jusqu'à Oviédo, est jonchée de cadavres

« Notre perte ne mérite pas la peine d'être citée.

« Nous avons retrouvé beaucoup de soldats du 6.ᵉ léger et de plusieurs régiments du 2.ᵉ corps.

« Signé le maréchal duc d'Elchingen, Ney. »

3 Juin 1809.

« Monseigneur,

« J'ai eu l'honneur de vous adresser, le 21 du mois dernier un rapport sur l'expédition des Asturies ; il me reste maintenant à vous rendre compte du retour de mes troupes en Galice, des obstacles qu'elles ont eu à vaincre dans leur marche, et des événements qui ont eu lieu dans cette vaste province pendant mon absence.

« Le 21, le général Kellermann arrivait à Oviédo, et ses troupes relevaient successivement les miennes à Gijon, Avilès et dans les positions importantes de Pennaflor et Gallegos. Après avoir arrêté avec ce général les dispositions nécessaires pour le maintien de la tranquillité dans le pays, je me suis remis en marche.

« Le 22, je suis arrivé à Avilès où le général Marcognet avait eu, deux jours auparavant, une belle affaire contre les insurgés qui ont perdu deux cents hommes, et dans laquelle le 25.ᵉ de dragons et le 39.ᵉ de ligne se sont distingués.

« La marche de mes troupes s'exécutait la gauche en tête elle était ouverte par le colonel Ornano, avec un escadron de dragons suivi du 39.ᵉ de ligne, sous les ordres du général Bardet.

« Le colonel Ornano prit position sur la Nalon avec quelques compagnies de voltigeurs, vis-à-vis Muroz; il avait ordre de réunir sur ce point le plus grand nombre possible de bateaux; une autre colonne remontait la rivière pour le même objet jusqu'à Pravia, d'où elle ramena dix barques chargées de douze mille rations de vivres destinées à des troupes qui devaient venir nous disputer le passage.

« J'avais fait partir d'Avilès, sous les ordres du chef de bataillon Regnard, mon aide-de-camp, une petite flottille armée de quelques pièces d'artillerie et de cent vingt hommes d'infanterie pour longer la côte, ramasser des barques et entrer successivement dans la rivière que nous avions à traverser.

« Le 23, les insurgés bordaient les hauteurs à la gauche de la Nalon; quelques embarcations suffirent pour disperser ce rassemblement qui perdit quarante à cinquante hommes. Le passage, commencé à trois heures du matin, fut terminé à dix heures du soir; les chevaux de la cavalerie traversèrent la rivière à la nage. L'arrière-garde venant de Gijon n'effectua son passage que dans la matinée du lendemain.

« Le 24, toutes les troupes étaient en marche dès le point du jour pour se diriger sur Luarca; un gué fut reconnu sur le Caneiro, et l'infanterie put passer sur un pont de charriots sans être inquiétée par l'ennemi. L'arrière-garde rejoignit la première brigade et se trouva dès lors réunie au reste de mes troupes; la flotille continuait de longer la côte, augmentant toujours le nombre de ses barques; elle avait ordre d'entrer dans la Navia; mais, arrivée à la hauteur du Cap de San-Pédro, elle fut attaquée par un corsaire et un gros chasse-marée qu'elle força à prendre le large après un combat opiniâtre de trois heures.

« Le 25, à la pointe du jour, la colonne traversa Luarca; la tête était déjà sur la Navia; des milices et une multitude de paysans en défendaient le passage avec deux pièces de 24, une de 8 et une de 6, servies par des canonniers de la côte. Cette troupe fit à notre arrivée un feu très-vif d'artillerie et de mousqueterie. Le colonel Ornano, détaché pour reconnaître la rivière trouva un gué vis-à-vis Coanna ; aussitôt les voltigeurs montèrent en croupe derrière les dragons, et l'ennemi, attaqué en flanc, précipita sa retraite, mais s'étant aperçu trop tard de notre mouvement, il éprouva une grande perte et les dragons en sabrèrent un très-grand nombre. Tandis qu'on passait au gué, plusieurs nageurs, à la tête desquels se trouvait le capitaine du génie Tressard, traversaient la rivière sous le feu des batteries, poussant devant eux un coffre rempli de fusils et de gibernes, et bientôt cette poignée de braves se porta sur l'ennemi, qui, assailli de tous les côtés, se débanda et abandonna son artillerie ; dès lors, on put s'occuper du passage de l'infanterie qui fut suivi avec une telle activité, qu'à neuf heures du soir il ne restait plus sur la rive droite que l'arrière-garde qui traversa pendant la nuit. La flottille se dirigea sur Ribadeo pour protéger notre passage de l'Eo,

« Le 26, les troupes furent divisées en deux colonnes : l'une se porta sur Castropol et l'autre sur Lavega ; on trouva un gué dans ce dernier lieu, et l'infanterie passa sur un pont de charrettes. J'appris à Castopol l'arrivée du duc de Dalmatie sur le Minho.

« Le 27, je dirigeai la plus grande partie de mes forces sur Mondonedo ; mon avant-garde fit des prisonniers à l'ennemi dont la retraite avait lieu sur Meyra.

« Le 28, je rapprochai mes troupes de Lugo, la droite s'étendit jusqu'au delà de Castro-del-Rey ; je poussai des reconnaissances sur Meyra et sur Lugo pour connaître la position de l'ennemi et l'état des affaires en Galice ; l'officier envoyé à

Lugo me confirma l'arrivée du 2.ᵉ corps, et m'instruisit du résultat des tentatives que l'ennemi avait faites sur cette ville et sur San-Yago du 19 au 23.

« Le 29, les troupes restèrent en position, à l'exception du 3.ᵉ de hussards, avec lequel je me rendis à Lugo pour conférer avec le duc de Dalmatie sur les mesures que nous avions à prendre pour disperser l'ennemi et déjouer ses projets.

« Les 30, 31 mai et 1.ᵉʳ juin, mes troupes s'approchèrent successivement de Betanzos, afin d'être en mesure d'agir vigoureusement contre le corps de la Carera qui occupait San-Yago.

« Hier, 2 juin mon avant-garde est rentrée dans cette ville ; l'ennemi s'est retiré sur Elpadron et Pontevedra.

« Pendant la marche pénible des troupes sur Oviédo et leur retour en Galice, depuis le 13 mai jusqu'au 26, elles ont été constamment en mouvement depuis quatre heures du matin jusqu'à neuf à dix heures du soir, elles ont eu à gravir des montagnes escarpées et à traverser les chemins les plus impraticables que j'aie vus de ma vie ; l'ennemi, dans quelque position qu'il ait été, n'a pu leur résister : enfin, il est impossible de montrer plus de dévoûment au service de sa majesté que n'en ont manifesté dans cette circonstance tous les généraux, les officiers et les soldats.

« La perte que nous avons faite dans l'expédition des Asturies est peu importante. Nous avons délivré une grande partie du bataillon du 6.ᵉ léger pris à Villa-Franca, et plusieurs centaines de soldats des 2.ᵉ et 6ᵉ corps.

« Le maréchal duc d'Elchingen, signé Ney. »

Peu de temps après, Ney, arrivé à Placencia, se porta sur Salamanque, Madrid et Valladolid. Au mois de juillet, il assiégea Ciudad-Rodrigo, place forte de la province de Léon, défendue par une garnison de sept mille hommes, et y entra après vingt-cinq jours de tranchée ouverte. Le mois suivant, il pénétra en Portugal où il continua de bien mériter de la patrie. Lorsqu'après six mois d'occupation, l'armée, sans munitions, fut contrainte à la retraite, le 7.e corps, réduit à six mille hommes, formant l'arrière-garde, arrêta les progrès de l'armée anglo-portugaise forte de quarante mille combattants. Une mésintelligence éclata entre les deux maréchaux, et Ney, rentré en France en 1810, fut chargé peu après du commandement du 3.e corps de la grande armée dans la guerre de Russie.

Notre compatriote prit la plus grande part aux sanglantes affaires de Liady et de Smolensk.

L'armée française était enfin à quelques marches de Moscou, en face de toutes les forces russes, protégées par des redoutes et des positions formidables. La plus grande bataille que le système de la grande guerre moderne eût encore livrée devait décider du sort de l'antique capitale de la Moscovie.

Le 7 septembre, à six heures du matin, un coup de canon donna le signal de l'attaque. Les divers corps se mirent en mouvement. Le maréchal Ney, protégé par une nombreuse artillerie, commande le centre de l'armée française. Davout, avec les divisions Desaix et Compans, avait attaqué, sans succès, les trois redoutes qui protègent la jonction du centre de l'armée russe avec la gauche de cette armée, lorsque le duc d'Elchingen, à la tête de ses trois divisions, réduites à dix mille hommes, se jette dans la plaine ; il court seconder Davout. Bientôt la division Compans enlève une des redoutes ; en même temps, Ney s'élance avec tant d'emportement sur les deux autres, qu'il les arrache à l'ennemi. L'aile gauche des

Russes n'a plus d'appui. Cependant les hauteurs du village de Semenowska, où commençait la gauche du centre des Russes, étaient encore intactes et protégées par la grande redoute du centre, qui, après avoir été prise par le général Bonami, était de nouveau tombée au pouvoir de Kutusow, au prix des plus sanglants efforts. Alors Ney et Murat redoublent leurs terribles attaques sur le centre ennemi, et parviennent à l'enfoncer pendant que nos cuirassiers pénétraient par la gorge dans la grande redoute, et que le prince Eugène l'envahissait d'un autre côté. Dès ce moment, l'armée russe, percée dans son centre, fut obligée de nous abandonner le champ de bataille. Huit cents pièces de canon avaient vomi la mort des deux côtés, dans l'espace d'une demi-lieue, théâtre de cette grande scène militaire dont le maréchal Ney avait été un des plus glorieux acteurs. La nuit seule mit fin à cette grande bataille, dans laquelle les Russes perdirent 50,000 hommes et 50 pièces de canon. Nous eûmes, de notre côté, à regretter la perte de 9,000 de nos soldats et de plusieurs généraux.

Le brave des braves n'avait jamais été plus grand sur le champ de bataille que dans la journée de la Moskowa; aussi l'Empereur lui décerna-t-il une récompense seule digne de sa vertu militaire, en l'entourant, en quelque sorte, des lauriers de la victoire : il lui donna le titre de *prince de la Moskowa*.

Le lendemain de la bataille (8 septembre), le maréchal Ney, avec le centre de l'armée, courut à la poursuite de l'ennemi, et le battit à Mojaïsk. L'armée entra bientôt à Moscou, que les Russes lui abandonnèrent.

A Smolensk, Ney avait conseillé franchement à l'Empereur de passer l'hiver sur le Dniéper; après la bataille de la Moskowa, à Moscou même, il persista opiniâtrement à opiner pour une prompte retraite.

La destinée emportait Napoléon; l'incendie de Moscou ne le tira pas même de sa funeste sécurité. On perdit encore cinq semaines au milieu de ces ruines fumantes.

Enfin, on reconnut qu'on ne pouvait se maintenir plus longtemps dans un pays désolé, dans une ville détruite, éloignée de plusieurs centaines de lieues de nos magasins, de notre base d'opération.

Il fallut opérer cette célèbre et désastreuse retraite dont le seul souvenir afflige encore la France.

L'Empereur sortit de Moscou le 23 octobre. Davout commanda d'abord l'arrière-garde. Mais bientôt Napoléon jugea que le guerrier sur les talents et l'admirable intrépidité duquel il avait fait reposer si souvent ses plus grandes entreprises, était aussi le seul, peut-être, dont le dévoûment, la fermeté et la vigueur fussent capables de soutenir, pendant la retraite, le principal effort de l'ennemi. Napoléon ne s'était point trompé : par un privilège qui n'appartient qu'aux grands capitaines, Ney devait être plus sublime encore dans l'adversité que dans le triomphe.

A partir de Viasma, le prince de la Moskowa relève avec son corps d'armée le prince d'Eckmuhl à l'arrière-garde (2 novembre). Au passage de cette ville, il soutient, dans un des combats les plus acharnés de cette triste campagne, les furieux efforts des généraux russes Ræscoff et Miloradowitz, et assure le passage de Davout et de Murat. Inquiété sans cesse par les attaques des cosaques voltigeant autour de l'arrière-garde, il ne s'occupe de ces aggressions que pour porter à l'ennemi des coups qui le dispersent et l'épouvantent.

La retraite s'opère avec assez d'ordre, et l'armée peut concevoir l'espérance d'être revenue sous peu de jours à Smolensk, lorsque l'affreuse âpreté du climat glacé de la Russie se déchaîne tout-à-coup contre elle : une sombre tempête de neige confond le ciel et la terre, les routes disparaissent sous la neige, et le froid, comme un implacable agent de destruction, frappe de mort des milliers d'hommes et de chevaux. Le tiers de l'armée périt dans les journées des 6 et 7 Novembre. Au milieu de cette grande infortune, le maréchal Ney maintient son corps d'armée en aussi bon ordre que le permettent les extrémités auxquelles on est réduit ; son énergique fermeté ne l'abandonne pas un instant ; il protège vigoureusement la retraite, qu'embarrassent des bandes de soldats désorganisés, et des nuées de cozaques sans cesse repoussés. Attaqué dangereusement près de Dorogobush, par Platow et Miloradowitz, il est encore deux fois vainqueur. Enfin, l'arrière-garde, toujours héroïque, après avoir au prix de son sang, retardé la marche des Russes pour sauver les débris de l'armée, arrive la dernière à Smolensk.

Ney ayant reçu l'ordre de faire sauter les fortifications de Smolensk,* ne quitta cette ville qu'un jour après le départ du gros de l'armée. Bientôt l'arrière-garde se trouva coupée de Krasnoë par Miloradowitz et seule en présence de la grande armée russe, commandée par Kutusow, qui avait déjà, au même passage, porté des coups si terribles à Davout et à Mortier. Le 18 novembre, l'avant-garde de Ney, touchant à Krasnoë, arrive à portée de mitraille d'une batterie de 40 pièces de canon, qui bat et domine la route et le ravin qu'elle va franchir. Les généraux Dufour, Ricard, Barbanègre et le colonel Pelet, s'élancent sur les batteries à la tête du 15e léger, du 33e et du 40e de ligne, et renversent jusqu'à trois fois la ligne de Miloradowitz ; chargés de tous côtés par les meilleures troupes russes,

---

* Cet ordre ne fut point exécuté par suite de l'arrivée de Platow.

accablés sous la mitraille, le plus grand nombre périt aux cris de *Vive l'Empereur, vive la France!* « Aussitôt, dit M. de Norvins, rassemblant leurs débris, Ney succède à ces braves; il détache 400 Illyriens sur le flanc gauche de l'ennemi, et lui-même, avec 3,000 hommes, monte à l'assaut des hauteurs que

couronnent une armée et une artillerie immense: les généraux Ledru, Razout et Marchand suivent ses pas. La première ligne russe est culbutée, la seconde ne doit pas nous arrêter davantage. Tout-à-coup une grêle de balles et de boulets détruit presque tous nos soldats; le reste recule en désordre. Ney les reforme avec calme derrière le ravin, leur unique abri, et ose encore affronter les canons des Russes. C'est au plus fort de cette terrible action, qu'un major, envoyé par Miloradovitz, vint sommer le maréchal de se rendre. Cette sommation est interrompue par une effroyable décharge de l'artillerie russe. Ney repousse cette sommation avec indignation et retient le parlementaire qu'il sauve encore de la colère de ses soldats. Mais il apprend de ce parlementaire que Napoléon n'est plus à Krasnoë ; d'un autre côté, il voit tomber tout le monde autour de lui, sous le canon des Russes, qu'il ne peut même plus aborder... »

L'extrémité du péril ne fit pas fléchir l'âme du héros de la Moscowa. Il renonce à forcer le passage de Krasnoë, et donne l'ordre de rétrograder, c'est-à-dire, de retourner sur cette ligne *déserte et glacée que le froid et le fer ont déjà jonchée de tant de cadavres !* Ses soldats s'insurgent contre un commandement qui leur paraît un arrêt de mort. Ney se jette au milieu d'eux et les réduit au silence : *Eh quoi !* leur dit-il : *ne vous ai-je pas toujours conduits à la victoire.... abandonnerez-vous votre général ? Il va mourir libre et Français : vous allez mourir esclaves !*

Le but de Ney, en retournant vers Smolensk, était de chercher à gagner le pont de Doubrowna par la rive droite du Dniéper. L'Empereur, qui depuis son départ de Smolensk, s'était sans cesse occupé du sort de Ney avec la plus vive sollicitude, avait deviné ce mouvement : en conséquence, avant de quitter Doubrowna, il avait prescrit à Davout, qui commandait son arrière-garde, de rester le plus longtemps possible dans cette ville. Davout n'attendit point assez, et quand Ney se présenta devant Doubrowna, il trouva le pont détruit.

Il fallait trouver un autre passage ; on se remet en marche, et on arrive de nuit à un ruisseau que Ney avait signalé, et qui va se perdre dans le Borysthène. Pendant ce temps, le maréchal seul, à cheval, s'élance dans la campagne afin de combiner, d'après la vue des lieux, le plan de retraite qu'il a imaginé, et de trouver la route qu'il cherche et qui se perd au milieu d'un désert de neige. Ses aides-de-camp, inquiets de son absence, parcourent la plaine, et finissent par le retrouver au revers d'un tertre, assis sur un tronc d'arbre et marquant tranquillement sur son carnet, à la clarté de la lune et malgré un froid mortel, le passage qu'il veut faire franchir à ses soldats. Enfin le passage est effectué au milieu de la nuit, entre Sirokrodnia et Gusinoë. Le fleuve n'était pas entièrement gelé, et avant d'arriver au milieu, il fallut abandonner tout ce qu'on avait d'artillerie et de bagages.

Ce fut au prix de cette héroïque constance que le corps français, réduit alors à 3,000 combattants, parvint à mettre le Dniéper entre lui et les Russes; et c'est ainsi, qu'après avoir fait vingt lieues en deux jours, au milieu de tant de périls, de tant de souffrances, Ney et ses braves arrivèrent à Orcha, où ils furent accueillis par les exclamations de leurs compagnons d'armes; Napoléon, dans sa joie, pressa le maréchal dans ses bras en se félicitant lui-même de la conservation inespérée d'un aussi puissant soutien.

A Leipsick, Ney commandait le troisième corps. Forcé de se replier sur la France avec le reste de la grande armée, il occupait à la fin du mois de décembre 1813, avec douze mille hommes, la direction des Vosges. Au mois de janvier, il fut rejeté, avec les maréchaux Victor et Marmont sur la rive gauche de la Marne moyenne, et obligé à battre en retraite, plus encore par l'état déplorable des troupes que par leur grande infériorité numérique. Il arrive à Châlons et à Vitry, se distingue dans les combats de Brienne, à la bataille de la Rothière, aux combats de Montmirail, de Nangis, à la bataille de Craonne livrée par trente mille Français contre cent mille ennemis, aux combats sous Laon, et paie de sa personne en une infinité d'autres affaires auxquelles la position désespérée de notre patrie donnait une importance décisive.

Ainsi, digne émule de l'empereur, défendant pied à pied le sol sacré de la patrie, on a vu le maréchal Ney victorieux dans presque tous les engagements qu'il eût avec l'ennemi, acquérir de nouveaux titres à la reconnaissance nationale, et donner des preuves multipliées d'un dévoûment sublime. Mais les plus hautes conceptions du génie militaire, les exploits inouis de cinquante mille héros devaient échouer devant les efforts réunis de la trahison, des haines et des intrigues de la vieille aristocratie, et de trois cent mille baïonnettes étrangères.

Napoléon, effrayé des concessions qu'il serait obligé de faire désormais à ses libérateurs; désireux, par ce seul motif, de ne devoir son salut qu'à lui-même, et ne voulant pas asseoir une monarchie constitutionnelle sur son trône, refusa les offres de Ney qui, voyant la cause impériale perdue sous les murs de Paris, voulait se jeter en partisan dans les Vosges, et appuyer, diriger les populations belliqueuses de la Lorraine, de l'Alsace et de la Franche-Comté.

Depuis ce moment, le maréchal Ney n'eut plus qu'un but, celui de prévenir les calamités d'une guerre civile, et de soustraire sa patrie aux horreurs de l'anarchie. Appuyé par Lefebvre, Macdonald, Oudinot, il pressa l'Empereur de renoncer au trône en faveur de son fils sous la régence de Marie-Louise, et fut chargé, avec Macdonald et Caulaincourt, de faire agréer aux souverains alliés l'acte d'abdication. Pendant qu'ils traitaient de la paix, le sénat déclarait Napoléon déchu du trône, et ajoutait ainsi un acte de faiblesse coupable aux actes de servilisme dont il s'est entaché. Alexandre ayant rejeté toute autre condition que l'abdication pure et simple, Ney pressa Napoléon de se soumettre à cet humiliant abandon qu'il regardait sans doute comme le seul moyen d'obtenir encore des conditions favorables à la France. Ney fut ainsi un des premiers généraux qui se soumirent aux Bourbons. Étant allé au-devant de *Monsieur*, le 12 avril, il dit à ce prince : « Votre Altesse royale verra avec quelle fidélité nous saurons servir notre roi légitime. » Il se rendit aussi à la rencontre de Louis XVIII à Compiègne, et il en fut parfaitement accueilli. Ce monarque lui conserva ses titres et ses pensions, le nomma pair de France, commandant en chef du corps royal de cavalerie, le mit à la tête de la 6.e division militaire, et reçut son serment de chevalier de Saint-Louis, ordre dont il devint plus tard commandeur.

« Bientôt, dit M. Lardier, les fautes commises par la nouvelle administration et le mécontentement général qui en fut la suite nécessaire, devinrent le premier principe d'un des événements les plus extraordinaires dont l'histoire puisse garder le souvenir. Le maréchal Ney était à sa terre des Coudreux lorsque Bonaparte échappé de l'île d'Elbe, aborda sur les côtes de France. A la soudaine apparition de Napoléon, il parut avoir oublié les sentiments qui l'avaient attaché à la fortune et à la personne du gouvernement déchu, pour ne penser qu'aux désastres dont il prévoyait que sa présence serait l'origine. Ayant reçu du ministre de la guerre l'ordre de se rendre dans son gouvernement à Besançon, il partit immédiatement après pour Paris, se présenta devant le roi, et fit les plus grandes protestations de dévouement à sa personne. « Il faut, dit-il, couper le mal dans sa racine, et se porter à marches forcées au-devant de Napoléon pour l'empêcher de gagner du terrain. »

Les ennemis politiques du maréchal ont prétendu qu'il ne s'était pas exprimé hypothétiquement et au conditionnel, mais qu'il avait promis *affirmativement* à Louis XVIII de ramener Bonaparte *dans une cage de fer*. Telle est la version du *Moniteur de Gand* du 14 avril 1815, et celle de l'acte d'accusation du procureur-général Bellart devant la Cour des pairs. Ces témoignages passionnés ne sauraient être considérés comme la voix de l'histoire. D'ailleurs, le propos serait si brutalement niais qu'il devient invraisemblable. Il est évidemment beaucoup plus conforme au bon sens et à la justice d'admettre l'explication qu'en donna dans la suite le maréchal Ney lui-même devant le conseil de guerre et devant la Chambre des pairs en disant : *Qu'il n'avait parlé que par hyperbole et au conditionnel, n'attachant nullement à cette exagération de langage un sens positif; qu'au surplus il en avait* ri *dans la suite* avec l'Empereur lui-même. (*Moniteur* du 10 novembre 1815 et 5 décembre suivant.)

Le prince de la Moskowa quitta Paris *tout au roi*, suivant l'expression de Napoléon (Lases-Cases, t. II, p. 31), le 8 mars. Le 10, il était à Besançon, et le même jour il écrivait au comte d'Artois une lettre de dévouement. Le 11, il écrit encore au ministre de la guerre qu'il est bien résolu à attaquer *l'ennemi* à la première occasion favorable.

Ney s'était décidé à transférer son quartier-général à Lons-le-Saulnier, où il arriva dans la nuit du 11 au 12 mars.

Il ne se couche pas pour mieux s'occuper de la concentration de ses forces. Toutes les mesures qu'il prend, les ordres et les paroles qu'il adresse à ses officiers, aux troupes, aux autorités, les lettres qu'il écrit aux maréchaux, ses collègues, attestent, que *le 13 au soir*, il est bien dans l'intention de soutenir la cause des Bourbons *.

Cependant Napoléon avance rapidement. Il a entraîné Grenoble et sa garnison, et le 10 mars, au soir, il entre à Lyon à la tête de l'armée envoyée pour le combattre. La nouvelle de ces

---

* Ce fait est démontré surabondamment par les dépositions de tous les témoins qui ont figuré dans le procès du maréchal, et même par celle de M. de Bourmont, qui lui a été si fatale.

événements, encore enveloppée d'incertitude, était parvenue à l'armée du maréchal, et déjà les rumeurs de la défection agitaient plusieurs régiments. Les soldats demandaient à marcher sur Lyon, non pour combattre Napoléon, mais pour le suivre. Napoléon avait chargé le général Bertrand d'écrire à Ney l'état des choses, en le rendant *responsable de la guerre civile* s'il ne faisait pas sa soumission. *Flattez-le*, disait l'*Empereur, mais ne le caressez pas trop : il croirait que je le crains, et se ferait prier.*

Dans la nuit du 13 au 14 mars, un émissaire envoyé par le général Bertrand avait apporté au maréchal des proclamations et des lettres de Bonaparte, qui lui faisait de brillantes promesses et l'appelait encore le brave des braves ; d'un autre côté, l'empereur approchait ; on savait que les troupes couraient au-devant de lui ; une agitation extrême ; une conspiration napoléonienne commençait à gagner au milieu des soldats que notre compatriote avait sous ses ordres. Tant de causes réunies entraînèrent son imagination, et le lendemain il lut à ses troupes la célèbre proclamation suivante :

« La cause des Bourbons est à jamais perdue ! la dynastie légitime que la nation française a adoptée va remonter sur le trône : c'est à l'empereur Napoléon, notre souverain, qu'il appartient seul de régner sur notre beau pays ! que la noblesse des Bourbons prenne le parti de s'expatrier encore, ou qu'elle consente à vivre au milieu de nous, que nous importe ! La cause sacrée de la liberté et de notre indépendance ne souffrira plus de leur funeste influence. Ils ont voulu avilir notre gloire militaire ; mais ils se sont trompés ! Cette gloire est le fruit de trop nobles travaux pour que nous puissions jamais en perdre le souvenir. Soldats, les temps ne sont plus où on gouvernait les peuples en étouffant tous leurs droits ; la liberté triomphe enfin, et Napoléon, notre auguste Empereur, va l'affermir à jamais! Que désormais cette cause si belle soit la nôtre et celle de tous les Français! Que tous les braves que j'ai l'honneur de commander se pénètrent de cette grande vérité. Soldats! je vous ai souvent menés à la victoire; maintenant je veux vous conduire à cette phalange immortelle que l'empereur Napoléon conduit à Paris, et là, notre espérance et notre bonheur seront à jamais réalisés. *Vive l'Empereur!* »

Ce cri fut répété avec frénésie par les soldats, qui foulèrent aux pieds la cocarde blanche. Les officiers se précipitèrent autour du prince de la Moskowa pour le serrer dans leurs bras.

Napoléon ayant réorganisé l'armée française sur un pied respectable, et porté vers les frontières les troupes qui méritaient sa confiance, Ney, après avoir parcouru, en qualité de commissaire extraordinaire, toute la frontière du Nord, reçut le commandement de l'aile gauche. Après la bataille de Ligny, il marcha sur les Quatre-Bras, attaqua l'armée anglaise et obtint un brillant succès. Obligé de se maintenir à la position de Frasnes, Ney lutta avec avantage contre un ennemi bien supérieur en nombre, et abandonna cette position le 17 pour se rendre à Waterloo, où il combattit le lendemain.

L'occupation de la position des Quatre-Bras, dès le 15 au soir et le 16 au matin, avait-elle absolument, et aux yeux de l'Empereur, l'importance que lui prête M. le général Jomini, et l'Empereur donna-t-il alors au maréchal Ney l'ordre de s'en emparer? Tel est le premier point en discussion.

L'Empereur, dans les *Mémoires de Sainte-Hélène*, affirme (livre 9, p. 71 de la 2e édition) que, le 15 au soir, un premier ordre verbal de donner tête baissée sur tout ce qu'il trouverait dans la direction des Quatre-Bras, fut donné au maréchal.

Le 17, le maréchal se mit en marche et arriva le soir au débouché de la forêt de Soignes, dont l'armée anglaise était en possession.

Tout le monde connaît les faits principaux de la bataille qui eut lieu le 18. L'Empereur avait rejoint avec le gros de l'armée sa gauche commandée par le maréchal Ney. Quoique l'armée prussienne n'eût subi à Ligny qu'un échec incomplet, néanmoins, Napoléon l'avait percée au centre; il lui dérobait sa marche rapide et il s'élançait sur les Anglais, maintenant forcés de combattre dans la position la plus désavantageuse, ayant à dos une forêt épaisse qui leur rendait la retraite à peu près impossible. La victoire dépend d'une seule chose, de la précision avec laquelle le maréchal Grouchy, détaché avec l'aile droite, forte de 50,000 hommes, à la poursuite de l'armée prussienne, observera les ordres qu'il a reçus, empêchera cette armée de se joindre aux Anglais, et se mettra lui-même dans le cas d'appuyer au besoin les deux autres divisions françaises commandées par l'Empereur et le maréchal Ney. On sait que le maréchal Grouchy n'opéra pas le mouvement qui lui avait été prescrit, et que la jonction du corps de Bulow et de Blücher, le soir de la bataille de Waterloo, fit reprendre l'offensive à l'armée anglaise qui était déjà en retraite et détermina la déroute des Français.

Dans cette grande bataille, Ney fut chargé de l'attaque du centre, au village et à la ferme de la Haie-Sainte. Appuyé par 80 pièces d'artillerie, il attaque cette position avec son intrépidité ordinaire et s'en empare après un combat terrible. Il s'y soutient toute la journée, et bientôt la bataille sera gagnée si les Anglais ne sont pas secourus. Mais tout-à-coup, 30,000 Prussiens de Bulow débouchent sur notre droite et sur nos derrières, et bientôt ils sont suivis d'une autre armée de 30,000 hommes commandée par Blücher qui lie Bulow à l'armée anglaise. Dès-lors, la défaite de l'armée française est menaçante. Le prince de la Moskowa tente de rétablir le combat. Il met pied à terre et l'épée à la main; appuyé de Friant et de Cambronne, il repousse tout ce qui se trouve devant lui et brave le feu d'une ligne immense. Bientôt, les attaques de l'ennemi redeviennent plus terribles et nos soldats ont épuisé leurs munitions. Alors, le cri fatal de *sauve qui peut !* poussé par quelques traitres et répété par nos soldats en désordre, se fait entendre : les lignes se rompent, les rangs se mêlent, la déroute de l'armée commence. Enfin, les 8 bataillons de la garde, qui étaient au centre, où les soutenait le magnanime Cambronne et le maréchal Ney, qui avait eu cinq chevaux tués sous lui, sont désorganisés par la masse des fuyards et tombent écrasés sous le nombre en se défendant jusqu'au dernier soupir. Le brave des braves, ne voulant point survivre à ce désastre, ne cesse d'affronter le feu de l'ennemi; mais le sang coule de son front, son chapeau est déchiré par les balles; couvert de sang et de contusions, il ne peut plus marcher, et il allait succomber, lorsqu'un caporal de la garde le soutient et l'entraîne.

Il se dirigea vers Paris, où Napoléon l'avait devancé.

Carnot fut chargé de porter à la Chambre des pairs le triste bulletin de Waterloo. Dans la séance du 22 juin, ce ministre lut une lettre datée de Rocroy dans laquelle on annonçait que le duc de Dalmatie avait réuni les fuyards, que le corps de Grouchy était intact, qu'on avait battu l'ennemi à Vavres, et que, dans ce moment, l'armée française comptait encore 60,000 hommes en ligne, auxquels on allait ajouter 10,000 hommes pris dans l'intérieur, en leur envoyant 200 pièces de canon.

Alors le maréchal Ney, frappé du découragement le plus profond et d'un ton de colère : « La nouvelle qui vient de nous lire M. le Ministre est fausse, fausse sous tous les rapports...; j'ai vu le désordre... Il est impossible que le duc de Dalmatie et le maréchal Grouchy réunissent 60,000 hommes... L'ennemi peut entrer quand il voudra... vous n'avez d'autre moyen de sauver la patrie que d'ouvrir des négociations. »

Cette franchise exagérée excita la plus vive agitation dans l'assemblée. Plusieurs membres s'élevèrent contre les paroles du maréchal Ney. Mais le maréchal prit la parole encore une fois pour repousser l'idée que le général Grouchy pût avoir 40,000 hommes. « Je le répète, dit-il, si on a pu réunir 16,000 hommes d'infanterie et 4,000 hommes de cavalerie c'est tout... on ne peut pas supposer que l'ennemi ait fui devant une telle armée... s'il y a 25,000 hommes c'est beaucoup... »

On rapporte qu'au sortir de la séance beaucoup de pairs se pressèrent autour du maréchal et blâmèrent la vivacité et le découragement de ses paroles : « Eh messieurs, répondit Ney, je ne suis pas de ceux qui mettent leur intérêt par tout et avant tout ; que gagnerai-je à tout cela ? Si Louis XVIII revient, il me fera fusiller ; mais j'ai dû parler en faveur de mon pays. »

Le maréchal Ney avait encore donné ici la mesure de son caractère ; c'est-à-dire qu'incapable de feinte et de patience, il s'était laissé emporter à des mouvements inutilement imprudents.

Cependant des sorties si peu mesurées avaient fini par exciter dans l'assemblée et dans le public de violentes imprécations. Le 25 juin, dans une réunion de fédérés, Ney fut dénoncé comme trahissant la patrie. Le gouvernement n'ayant rien fait imprimer dans le *Moniteur* pour démentir cette accusation, le maréchal crut devoir, pour se justifier, publier les détails de ce qu'il avait fait à Waterloo.

Il écrivit en conséquence au président du gouvernement provisoire une lettre dont nous avons déjà parlé et qui fut ensuite répandue avec profusion dans Paris. Dans cette lettre, devenue célèbre, le maréchal prétend que l'armée anglaise aurait été détruite si l'Empereur, au lieu de regarder comme secondaire l'attaque sur les Quatre-Bras, avait attaqué les Anglais avec toutes ses forces et n'avait pas laissé errer en quelque sorte sans utilité le 1er corps, celui de d'Erlon, composé de 25 à 30,000 hommes. Il montre, par la suite, qu'il ne put, dans la journée du 16, que se maintenir aux Quatre-Bras au lieu d'attaquer. Arrivant à la journée du 18, il raconte les détails reproduits plus haut de l'attaque imprévue des Prussiens et de l'héroïque résistance qu'il leur opposa pour sa part. Il termine enfin par les paroles suivantes, dans lesquelles on voit percer peut-être de la colère, mais dont la gravité et la portée font naître bien des réflexions, et pourraient soulever bien des discussions que nous ne voulons pas aborder :

« Voilà, dit-il, le récit exact de cette funeste campagne. Maintenant, je le demande à ceux qui ont survécu à cette belle et nombreuse armée, de quelle manière pourrait-on m'accuser du désastre dont elle vient d'être victime et dont nos fastes militaires n'offrent pas d'exemple? J'ai, dit-on, trahi la patrie; moi, qui pour la servir ai toujours montré un zèle que peut-être j'ai poussé trop loin et qui a pu m'égarer; mais cette calomnie n'est et ne peut être appuyée d'aucun fait, d'aucune circonstance, d'aucune présomption. D'où peuvent cependant provenir ces bruits odieux qui se sont répandus tout-à-coup avec une effrayante rapidité? Si dans les recherches que je pourrais faire à cet égard, je ne craignais presque autant de découvrir que d'ignorer la vérité, je dirais que tout me porte à croire que j'ai été indignement trompé et qu'on cherche à envelopper du voile de la trahison les fautes et les extravagances de cette campagne; fautes qu'on s'est bien gardé d'avouer dans les bulletins qui ont paru, et contre lesquelles je me suis inutilement élevé avec cet accent de vérité que je viens encore de faire entendre dans la Chambre des pairs. »

Malgré l'évidence de la justification du maréchal Ney, le gouvernement provisoire ne lui confia aucun commandement dans l'armée qui s'organisait autour de Paris. Depuis ce moment, jusqu'à la capitulation, le maréchal se montra à la Chambre des pairs, mais sans prendre part aux discussions orageuses qui agitaient cette assemblée.

Le sort de la France était décidé; les débris de l'armée étaient réunis sous les murs de Paris. Cependant nous avions encore, sous les ordres de Davout, 70,000 combattants à opposer à l'ennemi dans la plaine de Montrouge. Le 3 juillet, la capitulation de Paris est signée. Son article 12 est ainsi conçu : « Seront respectées les personnes et les propriétés particulières, les habitants, et en général tous les individus qui se trouvent dans la capitale, continueront à jouir de leurs droits et liberté sans pouvoir être inquiétés, ni recherchés en rien relativement aux fonctions qu'ils occupent ou auront occupées, à leur conduite ou à leurs opinions politiques. »

Malgré cet article de la capitulation, qui mettait légalement le maréchal à l'abri de toute poursuite, il consentit, sur les instances de sa famille, à s'éloigner de Paris et à se réfugier en Suisse. Il n'emporta qu'un fort petit bagage; mais il ne voulut point se séparer du sabre égyptien que Bonaparte lui avait donné lors de son mariage, présent qui lui rappelait tant de souvenirs. Le prince d'Eckmühl, ministre de la guerre, lui avait remis un congé illimité, avec une feuille de route, sous le nom supposé de Raisset, major du 3ᵉ régiment de hussards. Il avait aussi reçu, du ministre de la police, deux passeports, dont l'un était sous le nom de Michel-Théodore Neubourg. Il arriva à Lyon le 9 juillet. Là, M. Teste, commissaire-général de police dans les départements du Midi, lui apprit que toutes les routes de la Suisse étaient gardées par les Autrichiens. Il lui conseilla, ou de demander des passeports à M. de Buhma, agent de l'Autriche, qui se trouvait à Lyon, ou d'aller aux eaux de Saint-Alban, près Roanne, attendre les nouvelles de Paris. Le maréchal hésita et se rendit néanmoins à Saint-Alban, où il resta jusqu'au 25 juillet.

Le *Moniteur* du 18 juillet avait dit, en parlant de l'embarquement de Napoléon à bord du *Bellérophon :* « C'est ainsi que Buonaparte a terminé, à bord du *Bellérophon*, l'entreprise conçue par lui, et exécutée à l'aide de MM. Labédoyère, Ney, etc. » Ce menaçant avertissement ne suffit pas pour décider le maréchal à prendre un parti de sûreté prompt et surtout efficace. Il ignorait qu'un des membres les plus influents de la coalition étrangère, lord Clancarti, avait dit à Louis XVIII : « Sire, il faut frapper tous les conspirateurs qui ont ramené Bonaparte, autrement l'Europe n'en a pas pour un an. » Il ignorait que la cour, non moins implacable que les étrangers, demandait des vengeances, et que les ultra-royalistes ne voulaient pas reconnaître la capitulation de Paris.

Bientôt parut la terrible ordonnance de proscription, du 24 juillet 1815, qui déclare traîtres, et traduit devant les conseils de guerre de leurs divisions respectives, Ney, Labédoyère, Drouot, Cambronne et dix-sept autres.

Par suite de cette dangereuse menace, le maréchal quitta les eaux de Saint-Alban le 25, et se réfugia, sous un déguisement, dans le château de Mme de Bessonis, parente de la maréchale, situé près Aurillac, dans le département du Cantal. Il était caché avec soin dans cette retraite, lorsqu'une malheureuse imprudence amena son arrestation. Il avait oublié, sur un canapé, son sabre égyptien, dont la richesse fixa l'attention d'une personne d'Aurillac, venue en visite au château. Cette personne raconta le fait ; les soupçons de l'autorité furent éveillés ; et M. Locard, préfet du Cantal, lança aussitôt un mandat de perquisition et d'amener. Le maréchal Ney fut arrêté le 5 août, conduit à Aurillac, et déposé à la préfecture, où il resta dix jours.

Il paraît qu'au moment où les gendarmes arrivèrent, on offrit encore au maréchal le moyen de fuir ; mais il refusa. Plus tard, un officier de l'armée de la Loire lui fit part d'un plan pour l'enlever au passage de la Charité-sur-Loire ; il refusa encore. Sa résolution était prise : il voulait paraître devant un tribunal bien moins pour y défendre sa vie que son honneur attaqué par d'odieuses inculpations de toute nature.

A quelques lieues de Paris, il fut abordé par Mme la maréchale venue à sa rencontre. En la voyant, il n'avait pu maîtriser son émotion. On vit alors ses yeux baignés de larmes. « Ne soyez point surpris, dit-il à ses gardiens étonnés, je manque de courage quand il s'agit de ma femme et de mes enfants ! »

Le samedi, 19 août 1815, à six heures du soir, le maréchal Ney fut conduit à la préfecture de police et transféré à la Conciergerie au bout de quelques jours.

On avait permis au maréchal de se promener sur le préau deux heures par jour. Il était revêtu d'une longue redingote bleue et coiffé d'un chapeau rond. Deux gendarmes, l'arme au bras, se promenaient sur les galeries du préau, et ne le perdaient pas de vue un seul instant. Il se levait matin, recevait des visites, et paraissait n'avoir conservé aucune des infirmités qu'entraîne ordinairement après elle la vie des camps. (Saint-Edme, *Répertoire des causes célèbres*, 3e série, t. 1er, p. 146.)

Le 8 novembre s'ouvrit au Palais de justice le conseil de guerre qui devait le juger. Ce tribunal militaire était composé de la manière suivante : le maréchal comte Jourdan, président ; MM. les maréchaux Masséna, prince d'Essling ; Mortier, duc de Trévise ; Augereau, duc de Castiglione ; les lieutenants généraux comtes Gazan, Claparède et Villatte*. M. le commissaire ordonnateur Joinville remplissait les fonctions de commis-

---

* VILLATTE (Eugène-Casimir), comte d'Outremont, naquit à Longwy (Moselle), le 14 avril 1770, et entra comme sous-lieutenant au 13e régiment d'infanterie de ligne le 1er janvier 1792. Il passa lieutenant le 8 mai, et fit les campagnes de la Révolution aux armées du Rhin, de Sambre-et-Meuse et d'Italie. A la bataille de Haguenau, le 26 frimaire an II, il fut blessé d'un coup de feu, et reçut, le lendemain, le grade de capitaine. Aide-de-camp du général Bernadotte, le 27 germinal, il se distingua au passage et à la bataille du Tagliamento, le 26 ventôse an v, et à la prise de Gradisca, le 29 du même mois. Chef de bataillon sur le champ de bataille, le 1er thermidor suivant, par le général en chef Bonaparte. Villatte continua ses fonctions près de Bernadotte, et fut confirmé dans son grade, le 13 fructidor de la même année, par le Directoire exécutif. Adjudant-général le 17 pluviôse an VII, il donna de nouvelles preuves de bravoure aux affaires du camp retranché, en avant de Zurich, les 14, 15 et 16 prairial, où il reçut un coup de feu. Le 25 messidor an VII, il servit dans la 17e division militaire, et passa, le 7 ventôse an VIII, dans la 4e. Employé, le 5 floréal, à l'armée de l'Ouest, puis le 1er vendémiaire an XI dans la 22e division militaire, il devint général de brigade le 11 fructidor, et fut attaché, le 5 brumaire an XII, au camp de Compiègne, devenu camp de Montreuil. Membre de la Légion-d'Honneur le 19 frimaire suivant, et commandant de l'Ordre le 25 prairial, il prit le commandement d'une brigade au 6e corps de la grande armée, dans le mois de brumaire an XIV. Pendant les campagnes de Prusse et d'Autriche, Villatte déploya les talents d'un bon général, combattit en soldat aux batailles d'Austerlitz, d'Iéna et d'Eylau, et obtint, en récompense de ses services, le grade de général de division le 25 février 1807. Dans le mois de mars, il commanda la 3e division d'infanterie du 1er corps, avec lequel il passa en Espagne en octobre 1808. Napoléon venait de le créer baron de l'Empire, et l'avait autorisé à ajouter à son nom celui d'Outremont. Le 13 janvier 1809, il culbutta, près la ville d'Uclès, un gros corps de troupes et lui fit plusieurs milliers de prisonniers. Le 28 mars, il contribua à la victoire de Médelin, et fit des prodiges de valeur aux combats de Cuença et de Talaveira de la Reina : sa conduite fut honorablement

saire du roi, et M. le maréchal-de-camp Grundler celles de rapporteur.

Le maréchal Moncey, duc de Conegliano, s'était récusé dans

citée dans les bulletins de l'armée. Le 14 juillet 1810, il prit le commandement de la 5ᵉ division de l'armée du Midi, et reçut, le 2 janvier 1811, le titre de grand-officier de la Légion-d'Honneur. Il se trouva encore à la bataille de Chiclana, fut blessé devant Cadix, et eut un cheval tué sous lui. En 1812 et 1813, il commanda la réserve de l'armée d'Espagne sur la Bidassoa, et reçut une nouvelle blessure le 10 décembre, en avant de Bayonne. Il passa ensuite à l'armée que le prince Eugène commandait sur le Pô, battit les Autrichiens à Guastalla, le 1ᵉʳ mars 1814, à la tête de la 6ᵉ division d'infanterie, et s'empara de cette ville. Nommé dans le mois de mai, inspecteur-général d'infanterie dans la 11ᵉ division militaire, il remplit ensuite les mêmes fonctions dans la 20ᵉ. Le roi lui accorda le titre de comte, et la croix de Saint-Louis le 1ᵉʳ juin suivant, et lui confia le commandement provisoire de la garde royale en juillet 1815. Le 22 novembre, Villatte commanda la 4ᵉ division militaire, et fut mis en non-activité le 31 octobre 1817. Le 17 décembre 1818, il passa au commandement de la 2ᵉ division, et se trouva compris en cette qualité dans le cadre d'organisation de l'état-major général le 30 décembre suivant. Le 19 janvier 1820, il commanda la 3ᵉ division militaire, et reçut le 20 septembre la grand'croix de la Légion-d'Honneur. Commandeur de Saint-Louis le 20 août 1823, il fut mis en disponibilité le 4 août 1830, et admis dans le cadre de réserve de l'état-major général, le 7 février 1831. Il mourut à Nancy le 14 mai 1834. Son nom est inscrit sur l'arc-de-triomphe de l'Étoile, côté Nord.

VILLATTE (Jean-Baptiste-Alexandre), frère du précédent, maréchal de camp de cavalerie, grand officier de la Légion-d'Honneur depuis juillet 1842, chevalier de l'ordre royal et militaire de Saint-Louis, chevalier de l'Épée et de Saint-Ferdinand d'Espagne, né à Longwy le 10 décembre 1780, a commencé à servir dans les dragons, garde de l'armée de l'ouest, devint bientôt aide-de-camp du général Bernadotte, qui la commandait en chef, le suivit en Hanovre, et fit successivement avec distinction les campagnes d'Autriche, de Prusse et de Pologne; il ne quitta ce général que

une lettre au roi, qui est un modèle de patriotisme et de générosité *. Néanmoins, il fut sommé de siéger parmi les juges du maréchal Ney ; mais il refusa de nouveau.

lorsque celui-ci fut appelé par les Suédois à l'honneur de régner sur eux.

Le chef d'escadron Villatte rejoignit alors le 6.ᵉ régiment de hussards, continua la guerre, se trouva avec lui à la mémorable campagne de Russie, et ne le quitta que lorsqu'il fut nommé adjudant commandant.

Au mois de mars 1814, dès que les Français, conduits par le général Penne, se furent emparés de Gand, sur l'avis que des coureurs russes se montraient aux environs de Lokeren, le général Maison détacha le colonel Villatte, avec cinquante lanciers et une compagnie de voltigeurs, afin d'ouvrir une communication avec Anvers. Ce mouvement s'exécuta le 27, au gré du comte Maison, qui se renforça ainsi de quatre mille fantassins, deux cent cinquante chevaux et quatorze bouches à feu.

Dans l'année 1814, il était sous-chef d'état-major du gouvernement de Paris.

Alexandre Villatte commandait les dragons de la Seine en 1819 et a fait à leur tête la campagne d'Espagne, sous les ordres du duc d'Angoulême. Louis XVIII signa son contrat de mariage en 1818.

VILLATTE (Jean-François), frère des précédents, né à Longwy le 5 septembre 1785, colonel, chef de l'état-major général de la 3.ᵉ division militaire, officier de la Légion-d'Honneur, chevalier des ordres de Saint-Louis, de Charles III, de Saint-Ferdinand et du Mérite militaire de Charles-Frédéric, est mort à Metz le 8 mai 1829, des suites d'une blessure reçue en 1813 devant Bayonne.

---

* « Sire, placé dans la cruelle alternative de désobéir à Votre Majesté ou de manquer à ma conscience, j'ai dû m'expliquer. Je n'entre pas dans la question de savoir si le maréchal Ney est innocent ou coupable : les faits et l'équité de ses juges en répondront à la postérité, qui pèse dans la même balance les rois et les sujets. Sont-ce les étrangers qui exigent que la France immole ses plus illustres citoyens ? D'abord ils se sont présentés en alliés; ils ont demandé la remise des armes. Eh bien ! dans les deux tiers de votre

Le maréchal Ney avait subi (ce qui l'avait vivement blessé) l'interrogatoire du préfet de police, M. Decazes, ancien grand référendaire de la Chambre des pairs. Il prit alors occasion de relever un bruit répandu dans le public, celui d'avoir reçu, au moment de son départ pour Besançon, une somme de 500,000 francs que le ministre de la guerre, auquel il avait confié l'embarras de sa fortune, lui aurait fait compter sur un ordre du roi. Ney répondit à ce reproche que le ministre lui avait seulement délivré, sur le payeur de Besançon, un bon de 15,000 francs à valoir sur 45,000 francs qui lui étaient dus pour son traitement arriéré, ce qui était conforme à la vérité.

A l'ouverture de l'audience du conseil de guerre, on lut l'interrogatoire et les autres pièces du procès. Ney répondit ensuite à toutes les questions qui lui furent faites ; puis il lut une protestation dans laquelle il déclinait la compétence du conseil et demandait, en qualité de pair de France, à être jugé

royaume, Sire, il ne reste pas même un fusil de chasse ! Ils ont voulu que l'armée française fût licenciée ; il ne reste plus un seul homme sous les drapeaux, pas un caisson attelé ! Il semble qu'un tel excès de condescendance a dû assouvir leur vengeance. Ils veulent vous rendre odieux à vos sujets en faisant tomber dans l'armée les têtes de ceux dont ils ne peuvent prononcer le nom sans rappeler leurs humiliations !

« Sire, ma vie, ma fortune, ce que j'ai de plus cher est à mon pays et à mon roi ; mais mon honneur est à moi, et aucune puissance humaine ne peut me le ravir. J'irais prononcer sur le sort du maréchal Ney, moi ! Mais, Sire, permettez-moi de demander à Votre Majesté où étaient les accusateurs, lorsqu'il parcourait tant de champs de bataille ? Si la Russie ne peut pardonner au vainqueur de la Moskowa, la France peut-elle oublier le héros de la Bérésina ? Peut-être que si l'infortuné maréchal avait fait à Waterloo ce qu'il fit tant de fois ailleurs, peut-être, dis-je, ne serait-il pas traîné devant une commission militaire, peut-être ceux qui demandent aujourd'hui sa mort imploreraient-ils sa protection. »

par la Chambre des pairs, conformément aux articles 35, 62 et 63 de la Charte. Le moyen, plaidé par M. Berryer père, fut admis ; le conseil se déclara incompétent à la majorité de cinq voix contre deux.

Ce jugement fut accueilli avec grande joie dans le public ; on pensait que les retards contribueraient à sauver le maréchal Ney. Malheureusement on ne comprit pas que, devant le conseil de guerre, composé comme il l'était, le maréchal n'avait pas affaire à ses ennemis, que ses vieux compagnons de gloire n'auraient pas le courage de le condamner à mort, et qu'à la Chambre des pairs, il allait avoir à répondre aux agents de l'ultra royalisme et de l'étranger. On eut donc grand tort de soulever la question de compétence ; et, comme on l'a dit avec raison, il eût fallu sentir qu'en politique un tribunal est toujours assez compétent lorsqu'il ne doit pas être passionné.

Au reste, on fut bientôt détrompé. Dès le lendemain, 12 novembre 1815, le duc de Richelieu, président du conseil des ministres, accompagné de M. Bellart, procureur-général près la Cour royale de Paris, apporta à la Chambre des pairs une ordonnance du roi, en date du même jour, qui déférait sans délai à la cour le jugement du maréchal Ney, accusé de haute trahison et d'attentat contre la sûreté de l'État. M. de Richelieu prit ensuite la parole et souleva toutes les passions du moment.

Il dit que « les ministres étaient, dans une aussi grave circonstance, les organes naturels de l'accusation ; et ce n'est pas seulement, ajouta-t-il, au nom du roi que nous remplissons cet office; c'est au nom de la France, indignée depuis longtemps et maintenant stupéfaite. C'est même au nom de l'Europe, que nous venons vous conjurer de juger le maréchal Ney..... Nous osons dire que la Chambre des pairs doit au monde cette éclatante réparation ; elle doit être prompte, car il importe de retenir l'indignation qui, de toutes parts, se soulève. Vous ne souffrirez pas qu'une plus longue impunité engendre de nouveaux fléaux plus grands, peut-être, que ceux auxquels nous essayons d'échapper. Les ministres du roi sont obligés de vous dire que cette décision du conseil de guerre devient un triomphe pour les factieux, nous vous conjurons donc, et au nom du roi, nous vous requérons de procéder immédiatement au jugement du maréchal Ney. »

L'assemblée déclara, par l'organe de son président, le chancelier d'Ambray, « qu'elle recevait avec respect la communication faite au nom du roi, et qu'elle est prête à remplir ses devoirs; » puis elle s'ajourna au lundi suivant, 18 novembre.

Une ordonnance du 12 novembre régla la procédure à suivre. M. le procureur-général Bellart dut remplir les fonctions du ministère public; M. Séguier, premier président de la Cour royale de Paris, fut chargé de l'instruction que, par une célérité sans exemple, il termina en trois jours.

Dans la nuit du 20 au 21 novembre, le maréchal Ney avait été transféré de la Conciergerie au palais du Luxembourg. A onze heures du matin, le 21, la cour entra en séance. Le maréchal fut introduit, escorté de quatre grenadiers royaux; il était vêtu d'un habit sans broderies et portait les épaulettes de maréchal, le crachat de la Légion-d'Honneur et le ruban de la croix de Saint-Louis.

Les tribunes étaient garnies de députés, de dames vêtues de blanc, malgré la saison, d'étrangers de distinction, parmi lesquels on remarquait des ambassadeurs; le prince de Metternich, le prince de Wurtemberg, le baron de Golz, diplomate prussien; le comte de Grisin, général russe.

D'imposantes dispositions avaient été faites pour changer la salle en tribunal de haute justice. Tous les yeux se fixaient sur une inscription légendaire placée en face du président, au milieu des ornements supérieurs de la salle et portant ces mots: *Sagesse, tolérance, modération.*

Le maréchal était défendu, comme devant le conseil de guerre, par MM. Berryer père et Dupin aîné, assisté de Mᵉ Berryer fils.

Après les questions d'usage faites au maréchal, on procéda à la lecture de l'acte d'accusation, qui occupa la première séance. Ce document, rédigé avec une sorte de passion contenue, avait pour but de démontrer, après avoir groupé tous les faits d'où pouvaient naître des inductions accusatrices : 1° qu'il était au moins permis de conserver beaucoup de doute sur la question de savoir si le maréchal avait connu d'avance les projets de Napoléon et trempé dans le complot qui devait le ramener à Paris ; 2° que la proclamation de Lons-le-Saulnier et les faits qui la suivirent constituaient la plus criminelle trahison, le crime de désertion à l'ennemi, d'excitation à la guerre civile et de participation à un complot dans le but de détruire et de changer le gouvernement et l'ordre de successibilité au trône, crimes punis de mort par le Code pénal et par la loi du 21 brumaire an v.

La seconde séance et les suivantes furent consacrées au développement des moyens préjudiciels présentés par les défenseurs du maréchal et aux répliques pleines d'animosité du ministère public.

M. Berryer invoqua l'article 33 de la Charte et plaida l'incompétence de la cour, faute d'une loi organique déterminant cette compétence.

M. Dupin appuya ce moyen ; il demanda subsidiairement la remise de la cause, sur le motif que l'accusé n'ayant reçu que depuis deux jours communication des pièces, les défenseurs n'avaient pas eu le temps de les méditer.

Le moyen présenté par M. Berryer fut rejeté. Une remise de deux jours fut accordée.

En rentrant dans sa prison, le maréchal apprit que M. de Lavalette, ancien directeur-général des postes, venait d'être condamné à mort par la Cour d'assises, comme coupable de complicité dans l'attentat commis par Bonaparte contre la famille royale. Dès-lors, et on en vit la preuve plusieurs fois dans les paroles qu'il prononça aux débats, le maréchal pressentit son sort.

Le 23, M. Dupin demanda et obtint un nouveau délai, se fondant sur l'éloignement de plusieurs témoins à décharge.

Pendant l'intervalle de ces délais, les avocats du maréchal lui avait conseillé d'invoquer l'article 12 de la capitulation de Paris et l'intervention des signataires de cet acte. Des notes furent adressées aux ambassadeurs, et la maréchale alla réclamer l'appui du duc de Wellington.

Il eût été digne de l'honneur militaire que Wellington vînt noblement appuyer la foi des traités et apporter le poids de son influence dans ce drame où les passions politiques allaient, au mépris d'un pacte sacré, assassiner, à l'ombre de quelques formes juridiques, le glorieux ennemi avec lequel il avait si souvent croisé le fer. Mais Wellington demeura inflexible ; il répondit que la capitulation n'obligeait que les alliés, qu'elle n'obligeait pas le gouvernement de Louis XVIII, sur lequel il ne pouvait rien. La maréchale eut aussi vainement recours au baron Vincent, ambassadeur autrichien, et aux autres représentants alliés. M. de Richelieu l'avait dit, l'Europe voulait du sang.

Les 4, 5 et 6 décembre, le maréchal Ney comparut de nouveau devant la Chambre des pairs. Dès le début de la séance du 4, il répondit à la première question de M. d'Ambray :

« Monseigneur et messieurs les pairs, je déclare que je vais répondre à toutes les questions qui pourront m'être faites dans cette enceinte, sous la réserve toutefois du bénéfice qui m'est attribué par l'article 12 de la convention militaire de la capitulation de Paris et le traité du 20 novembre précédent. »

A ces mots, M. Bellart se leva : « Les commissaires du roi, s'écria-t-il, déclarent qu'ils ne peuvent admettre de pareils moyens comme défense fondamentale dans cette cause. L'accusé peut user des ressources qu'il croit utiles, mais non pas hors des limites de la procédure. »

Ney répondit ensuite à toutes les questions du président *. Il reconnut qu'en effet, après avoir dit à Louis XVIII que l'entreprise de Bonaparte était un acte de folie, il avait ajouté qu'il mériterait d'être renfermé à Charenton ou dans une cage de fer ; mais il répéta qu'il n'avait jamais dit : « Je le ramènerai dans une cage de fer. » Il reconnut aussi qu'il avait baisé la main du roi. Quant à la proclamation de Lons-le-Saulnier, qui était le point capital du procès, il dit (ce qui était vrai) que cette proclamation n'avait point été rédigé par lui **, qu'il l'avait reçue toute faite ; qu'elle avait été connue en Suisse dès le 13 ; que jusqu'à l'arrivée des émissaires de Bonaparte, il avait vivement rappelé aux officiers leurs devoirs envers le roi. Il ajouta que ce qui l'avait déterminé personnellement, c'était la crainte de la guerre civile, que les agents de Bonaparte l'assuraient qu'on ne voulait plus des Bourbons ; que les alliés étaient d'accord avec lui, etc.

Au reste, continua-t-il avec une magnanime simplicité ; « Depuis cette proclamation du 14, je ne vivais plus. J'ai fait

---

* Nous analysons ici la narration du *Moniteur*.

** Napoléon a déclaré aussi plus tard que cette proclamation n'était pas de lui. Elle était probablement de quelque agent secondaire.

tout pour trouver la mort à Waterloo. Je voulais me brûler la cervelle. Je ne l'ai pas fait, je voulais me justifier. Je sais que les honnêtes gens me blâmeront, je me blâme moi-même ; j'ai eu tort, je me le reproche ; mais je ne suis pas un traître, j'ai été entraîné *. »

Les interrogatoires des témoins suivirent, et plusieurs fois Ney les interrompit par de nobles à-propos.

Les dépositions qui firent le plus grand tort à la cause du maréchal furent celles du baron Capelle, ex-préfet du Doubs (depuis ministre de Charles X); de M. de Vaulchier, de M. Boursillac, sous-préfet à Poligny; de M. Grison, capitaine; du major de La Genetière, du général de Bourmont, qui déclara en substance que les dispositions des troupes étaient excellentes à Lons-le-Saulnier, que la proclamation du maréchal Ney les avait entraînées, que Ney lui avait dit pour le décider lui-même ; « Tout est fini ; depuis trois mois, nous sommes tous d'accord. »

Un vif débat s'engagea alors entre le maréchal et M. de Bourmont.

Le maréchal déclara de son côté que M. de Bourmont ne lui avait fait aucune objection lorsqu'il lui avait parlé de son projet de lire la proclamation, qu'il ajouta même : « Il n'y a pas d'autre parti à suivre ; » qu'enfin avant cette lecture, M. de Bourmont avait réunit les troupes, puis étant venu le prendre

---

* « Il est certain que Ney quitta Paris tout au roi, qu'il n'a tourné qu'en voyant tout perdu ; si alors il s'est montré ardent en sens contraire, c'est qu'il sentait qu'il avait beaucoup à se faire pardonner. Après son fameux ordre de Lons-le-Saulnier, il écrivit à l'Empereur que ce qu'il venait de faire était dans l'intérêt de la patrie, que, ne devant pas le trouver agréable, il le priait de trouver bon qu'il se retirât. » (MÉMORIAL DE SAINTE-HÉLÈNE.)

pour aller à la place d'armes, et après la proclamation, était revenu dîner chez lui avec le général Lecourbe.

Toute la valeur morale du procès se montrait dans la seule présence de M. de Bourmont. M. de Bourmont avait passé à l'ennemi avant Waterloo, et c'était lui qui venait accuser de trahison le maréchal Ney! C'est que, comme la plupart des procès politiques, de quelque parti qu'ils émanent, ce procès n'était autre chose que la consécration du triomphe et de la vengeance d'un parti victorieux.

« Enfin, dit le maréchal en terminant cet incident, il paraît que M. le général Bourmont a fait son thème à loisir. Il ne croyait pas que nous dussions jamais nous revoir; il espérait que je serais traité comme Labédoyère... Je regrette vivement que Lecourbe soit mort; mais je l'invoque dans un autre lieu, je l'interpelle dans un tribunal plus élevé. Ici M. de Bourmont m'accable; là, nous serons jugés l'un et l'autre!... »

M. le président ayant demandé au général Bourmont s'il pensait que le maréchal eût pu opposer quelque résistance aux troupes de Napoléon, le général répondit que tout eût dépendu d'une première démarche; que si le maréchal eût pris une carabine et eût chargé le premier, son exemple aurait pu être décisif : « Car, ajouta-t-il, nul homme n'a plus d'empire sur l'esprit de l'armée. » Il finit en disant qu'il n'osait pas affirmer qu'il eût été vainqueur, l'issue de l'événement dépendant des dispositions militaires sur lesquelles on ne pouvait faire que des conjectures.

Le maréchal, qui avait écouté jusqu'au bout cette réponse, répliqua avec vivacité : « Cela eût été impossible; l'eussiez-vous fait, vous? »

Cette réplique était conforme à la nature des choses, car Ney n'aurait pu opposer que 4,000 hommes à Napoléon, qui en comptait déjà 15,000 ; conforme à la déclaration du général Heudelet, qui avait assuré que le maréchal ne pouvait rien entreprendre avec succès contre Bonaparte, et à celle du général Gauthier, qui avait attesté aussi que les troupes de Ney l'avaient contraint par l'esprit qui les animait à s'unir à Bonaparte.

On entendit ensuite les commissaires qui avaient traité de la convention du 3 juillet, relative à la capitulation de Paris, MM. de Bondy, Bignon, Guilleminot et le prince d'Eckmühl. Ils déclarèrent que leurs instructions portaient expressément de rompre toute négociation dans le cas où l'article 12, que l'on regardait comme la base principale du traité, ne serait pas adopté sans restriction.

Le prince d'Eckmühl déclara avec énergie que les articles 11 et 12 étaient impératifs ; que le moindre changement à cet égard aurait empêché la négociation, et qu'ayant une armée de 70,000 hommes bien disposés et 500 pièces de canon, il aurait livré bataille.

Le prince, sur la demande de M. Dupin, allait entrer dans des développements sur le sens de l'article 12 de la capitulation, lorsque M. Bellart s'écria : « Les commissaires du roi s'opposent à ce que cette question soit faite au témoins ; elle est au moins inutile, pour ne pas dire indiscrète. »

La pensée de M. le prince d'Eckmühl est indifférente au procès, ajouta le président.

Alors le maréchal Ney se leva et dit avec une dignité qui fit une profonde sensation :

« J'ai l'honneur de faire observer à la chambre que c'est la capitulation qui a fait ma garantie. Sans cela, croit-on que je n'aurais pas mieux aimé ainsi mourir le sabre à la main que de paraître sur un banc comme un criminel? J'invoque la capitulation de Paris, comme tous les citoyens peuvent l'invoquer. »

La liste des témoins étant épuisée, le président donne la parole au procureur-général. Le réquisitoire dura quatre heures. Sous quelque dehors d'impartialité, il était plein de passion. Entre autres phrases, de mauvais goût, M. Bellart ne craignit pas de faire dans son exorde le rapprochement qui suit :

« Brutus, dit-il, oublia qu'il fut père pour ne voir que la patrie. Ce qu'un père fit au prix de la révolte même de la nature, le ministère, protecteur de la sûreté publique, a bien plus le devoir de le faire, malgré les murmures d'une vieille admiration qui s'était trompée d'objet. »

Les avocats du maréchal prirent ensuite la parole. M. Berryer parla le premier; M. Dupin lui succéda. Ils soutinrent : 1.º que la responsabilité des événements du 20 mars ne pouvait peser sur d'autre que sur Bonaparte; 2.º que l'Europe ayant renoncé à frapper ce principal coupable, le maréchal Ney, même considéré comme son complice ne pouvait être plus maltraité que lui; 3.º qu'il n'y avait pas eu préméditation, que Ney avait cédé à l'entraînement général et n'avait que mal appliqué le sentiment de l'amour de la patrie, qui a dirigé toutes les actions de sa vie; que par conséquent il n'y avait pas criminalité; 4.º qu'il n'y avait eu oubli des événements de 1815, et que Ney ne méritait pas d'être frappé d'exception.

Lorsque M. Berryer arriva à l'argumentation irrésistible de la capitulation de Paris, M. Bellart l'interrompit en disant. « Je crois devoir épargner aux défenseurs du maréchal l'occasion d'ajouter un nouveau scandale dans cette affaire, qui n'en recèle déjà que trop. Nous sommes Français, nous avons des lois françaises; ce sont ces seules lois qui doivent être invoquées. »

Le dénoûment de cette triste tactique judiciaire du ministère public allait arriver, la fin du drame était proche dans ce moment solennel, reproduisons textuellement, d'après le *Moniteur* officiel, les paroles de chacun des acteurs de cette lugubre scène, afin qu'on puisse mieux l'apprécier.

M. le chancelier : « J'aurais dû m'opposer moi-même à la position de ce moyen. Depuis hier, j'ai consulté la chambre, et elle a décidé à une grande majorité que le moyen ne pouvait pas être présenté. Sa Majesté n'a pu être liée par une convention toute militaire. L'ordonnance rendue par elle le 24 juillet, et signée par un ministre membre du gouvernement précédent, en est une preuve bien manifeste. En vertu du pouvoir discrétionnaire qui m'est confié, j'interdis au défenseur de se servir de ce moyen. »

La chambre des pairs invoquait ici, par l'organe de son président, un principe qui a été très-contesté. D'abord, pouvait-on prétendre que la Restauration n'était pas liée par l'art. 12 de la convention du 3 juillet, elle qui n'était rentrée qu'à l'ombre de cette convention, et qui en avait exécuté les autres articles? Enfin, dans tous les cas, le maréchal Ney n'avait-il pas le droit de soulever et d'examiner une question à laquelle son sort était attaché, et n'était-ce pas violer le droit de l'humanité que de lui refuser toute discussion à cet égard, et de paralyser ainsi sa défense?

M. Dupin répondit : « Notre soumission au roi est entière. Après le succès de la défense qui nous est confiée tous nos désirs, tous nos vœux ne tendent qu'à ne point lui déplaire. L'arrêt qui a été rendu hors de notre présence, et qui vient de nous être tout à l'heure prononcé, nous interdit toute réflexion sur le moyen de droit ; mais le maréchal est aussi sous la protection du droit des gens, et c'est elle qu'il invoque en ce moment. Le traité du 20 novembre 1815, qui trace une nouvelle démarcation du territoire de la France, à laissée sur la droite Sarrelouis, lieu de naissance du maréchal. Le maréchal Ney n'est plus Français.

Ici des murmures se manifestèrent dans quelques parties de l'assemblée.

M. Dupin: « La cour jugera le moyen. Des généraux, des maréchaux de France, dont le lieu de la naissance se trouvent ainsi séparé de notre territoire, ont bien eu besoin de lettres de grande naturalisation pour conserver leurs honneurs et leurs distinctions; pourquoi, dans son malheur, le maréchal Ney, toujours Français dans le cœur, ne pourrait-il pas cependant user de ce moyen? »

Le maréchal Ney: « Oui, je suis Français et je mourrai Français. Jusqu'ici ma défense a paru libre; maintenant on l'entrave. Je remercie mes défenseurs du dévouement qu'ils m'ont témoigné et qu'ils me témoignent encore; mais qu'ils cessent ma défense plutôt que de la présenter incomplète. Je fais comme Moreau, j'en appelle à l'Europe et à la postérité! »

A ces paroles du maréchal Ney, M. Bellart se lève et dit: « C'est abuser vraiment de notre patience. On a employé toute la matinée à présenter des moyens extraordinaires; on a soutenu des principes désavoués dans toutes les législations. Nous avons laissé aux défenseurs la liberté la plus entière; mais on en a abusé jusqu'à la licence. Sous prétexte de se défendre, on introduit un moyen nouveau, véritablement tardif puisque l'état de la cause est définitivement arrêté et qu'il ne s'agit plus que du fait. Défendre donc le moyen n'est pas gêner la liberté. »

M. Dupin se lève pour répondre.

Le maréchal Ney. « Je défends à mes défenseurs de parler dorénavant. M. le président ordonnera à la Chambre ce qu'il voudra. Qu'elle juge ! ou bien qu'on laisse mon défenseur développer tous les moyens de défense qui sont en mon pouvoir. »

« Alors, dit M. Bellart, la défense et l'accusation sont closes. Je vais prononcer le réquisitoire sur lequel la Chambre aura ensuite à délibérer. »

M. Bellart lut le réquisitoire, qu'il déposa sur le bureau ; il conclut à l'application de la peine capitale.

Cette séance, qui avait occupé la journée du 6 décembre, finit à cinq heures et demie.

Ney se leva tranquillement, tira sa montre et regarda l'heure, puis il salua l'assemblée et sortit de la salle accompagné de ses défenseurs qu'il remercia affectueusement : « Que voulez-vous, leur dit-il, c'est un boulet de canon. »

La cour entra immédiatement en délibération secrète ; elle y resta jusqu'à dix heures et demie. Après un double appel nominal sur l'application de la peine, 128 voix se prononcèrent pour la mort, 17 pour la déportation ; 5 membres ne voulurent pas voter.

La cour décida que l'arrêt serait prononcé hors la présence de l'accusé. A onze heures et demie, la séance fut rouverte, et le président lut le fatal arrêt qui condamnait le maréchal Ney à la peine de mort, aux frais du procès, et, sur le réquisitoire du procureur général, à la dégradation de la Légion-d'Honneur.

Le maréchal avait été reconduit dans sa chambre pendant que la cour des pairs délibérait sur son sort. M. Berryer arriva dans un trouble extrême qui contrastait avec le sang-froid de son illustre client. Après quelques phrases échangées, ils s'embrassèrent : « Adieu, mon cher défenseur, dit-il, nous nous reverrons un jour.... autre part.... ajouta-t-il. »

Il demanda à dîner, mais remarquant qu'on ne lui avait pas

donné de couteau : « Croyez-vous donc, dit-il, en haussant les épaules, que je veux me tuer? La mort et moi nous nous connaissons de longue date ; j'espère bien d'ailleurs qu'ils m'accorderont celle d'un soldat, une balle au cœur! Qu'on aille à l'instant me chercher un couteau? » Après s'être levé de table, il se promena quelques temps en silence, puis il écrivit quelques lignes, et s'étant promené encore en fumant un cigarre, il se jeta tout habillé sur son lit et s'endormit profondément.

A trois heures et demie du matin, M. Cauchy, greffier de la cour des Pairs, entra dans la chambre du maréchal pour lui lire son arrêt. Dès le préambule, cédant à la vivacité de son caractère : « Au fait, au fait! dit-il avec impatience. » Lorsqu'il entendit énumérer tous ses titres, il dit : « passez, passez mes titres! Que ne dites-vous simplement Michel Ney, soldat français..,. et bientôt un peu de poussière! »

Il écrivit ensuite à la maréchale de lui amener ses enfants. A cinq heures du matin, cette femme infortunée arriva seule au Luxembourg dans un affreux état de douleur. Elle put néanmoins se rendre jusqu'à la chambre de son illustre époux, qui, dans ce moment, traçait d'une main ferme ses dernières volontés. Ses forces l'abandonnèrent, et elle tomba évanouie sur le plancher. Le maréchal, aidé de ses gardes, la releva. A cet évanouissement succèdèrent de déchirants sanglots. Bientôt arrivèrent les quatre enfants, conduits par Mme Gamot, leur tante, qui tomba à genoux en pleurant aux pieds du condamné. Pendant ce temps, Ney avait réuni ses enfants autour de lui. Il avait assis les deux plus jeunes sur ses genoux, tandis que les deux aînés étaient debout ; et pour les mieux presser sur son cœur, il avait passé un bras autour de leur cou et les étreignait ainsi tous quatre à la fois. Ceux-ci fondaient en larmes, tandis que leur père leur donnait à voix basse ses derniers conseils.

L'heure fatale approchait rapidement, et pourtant le maréchal ne pouvait déterminer sa femme à le quitter : « Ma bonne amie, lui dit-il enfin avec un sourire, si tu as quelques démarches à faire, tu n'as pas de temps à perdre. » Il la flattait d'un espoir qu'il n'avait pas, pour rendre la séparation moins cruelle, et il savait bien qu'il la pressait sur son cœur pour la dernière fois.

Resté seul, il commençait à mettre en ordre quelques papiers épars, lorsqu'un de ses gardes, grenadier de la Roche-Jacquelein, lui dit : « Maréchal, au point où vous en êtes, vous feriez bien de penser à Dieu. » Le maréchal s'arrêta, le regarda ; après un moment de silence, il lui dit : « Tu as raison, mon camarade, il faut mourir en honnête homme, en chrétien. Je désire voir M. le curé de Saint-Sulpice. »

M. Depierre, curé de Saint-Sulpice, ne tarda pas à être introduit. Il resta enfermé trois quarts d'heure avec le maréchal, et il lui promit en se retirant de l'assister à ses derniers moments. M. Depierre tint parole : à sept heures et demie, il était de retour.

A neuf heures, on vint avertir le maréchal que le moment suprême était arrivé. Le temps était froid et sombre. Le maréchal était en deuil ; il passa une redingotte bleue, prit un chapeau rond ; puis, comme il continuait à s'entretenir à voix basse avec M. Depierre, voyant qu'on l'attendait, il dit vivement : « Je suis prêt ! »

Il descendit d'un pas ferme les nombreux degrés de l'escalier du Luxembourg. Une voiture de place l'attendait à la porte du jardin. Au moment d'y monter, avec deux officiers de gendarmerie et le curé de Saint-Sulpice, il dit à ce dernier qui voulait lui céder le pas : « Montez le premier, monsieur le curé ; je serai plus vite que vous là-haut ! » Le funèbre cortége se mit en marche par la grande avenue du Luxembourg qui conduit à l'Observatoire. Le général comte d'Anthouard avait été chargé par le lieutenant-général Despinois, commandant la division, d'après les instructions des commissaires du roi, d'assurer l'exécution de l'arrêt. Des détachements nombreux de vétérans, de grenadiers royaux et de gendarmes accompagnaient le cortége et gardaient toutes les grilles. Cependant l'exécution se faisait pour ainsi dire à la dérobée, et on avait fait courir le bruit qu'elle aurait lieu à la plaine de Grenelle, où l'on savait que beaucoup d'officiers, qui avaient servi sous le maréchal Ney, devaient se rendre avec l'intention de l'enlever.

Lorsqu'on fut arrivé à la grille de l'Observatoire, la voiture s'arrêta. Le maréchal fut invité à mettre pied à terre. Alors, il fit ses adieux à M. Depierre, en lui remettant une boîte d'or qu'il le pria de faire tenir à la maréchale, et tout l'argent qu'il avait sur lui pour être distribué aux pauvres de la paroisse de Saint-Sulpice. Puis il s'avança d'un pas ferme, et alla se placer à quelques pas du mur d'un jardin près la rue d'Enfer, devant le peloton chargé de l'exécution. L'officier commandant lui proposa de se laisser bander les yeux : « Ignorez-vous, reprit-il, que depuis vingt-cinq ans j'ai l'habitude de regarder en face la balle et le boulet. » Et il s'écria aussitôt : « Je proteste, devant Dieu et devant les hommes, contre le jugement qui me condamne. J'en appelle à la patrie et à la postérité. Vive la France! » Il allait continuer. L'officier chargé de l'exécution ne l'interrompit pas ; mais la voix du général commandant couvrit la sienne par cet ordre adressé au peloton : *Apprêtez armes!* Alors, ôtant son chapeau de la main gauche et frappant de l'autre sur son cœur : « Camarades, reprit le braves des braves d'une voix éclatante, faites votre devoir et tirez là ; » — *Joue... feu!* cria la même voix qui s'était déjà fait entendre.

Au même instant, le héros de tant de batailles tomba pour ne plus se relever.

Son corps fut placé sur un brancard et porté à l'hospice de la Maternité. Le cœur était percé de six balles, la tête et le cou de trois, et le bras d'une seule. Le lendemain, 8 décembre, la famille du maréchal fit pieusement conduire ces restes précieux au cimetière du Père-Lachaise.

Ney était âgé de quarante-six ans.

Pendant ce temps, la maréchale s'était rendue aux Tuileries pour être introduite auprès du duc de Duras, l'un des gentilshommes de la chambre de Louis XVIII, afin d'obtenir une audience du roi. Elle avait attendu longtemps cette audience, retardée sous différents prétextes, lorsque le duc eut à lui apprendre que tout était fini : « Madame, lui dit-il, l'audience que vous réclamez du roi serait maintenant sans objet. » La maréchale ne comprit pas d'abord le sens de ces paroles ; on le lui expliqua. Quelques instants après, on la reconduisit demi-morte à son hôtel *.

* Quelques jours plus tard, Mme la maréchale fut obligée d'acquitter les frais du procès de son mari, s'élevant à plus de 25,000 fr.

HOMMAGE
DES HABITANTS DE SARRELOUIS
A LA MÉMOIRE DU
MARÉCHAL NEY.

En 1829, un grand nombre d'habitants notables de Sarrelouis ayant souscrit pour qu'une pierre monumentale indiquât le lieu de naissance du Maréchal Ney, la haute régence prussienne, séant à Coblentz, y consentit, et l'on inscruta dans la façade de la maison où ce guerrier a vu le jour, un marbre portant l'inscription suivante: *Ici est né le Maréchal Ney.* Voici la lettre de remerciment que le prince de la Moskowa écrivit au bourgmestre de Sarrelouis.

« Monsieur,

« La ville de Sarrelouis vient de donner une preuve éclatante d'estime publique à la mémoire de mon père; elle a montré qu'elle n'était pas étrangère à la gloire d'un des plus illustres de ses enfants : immortalisée par cette gloire, elle a bien mérité de la postérité ne lui étant pas ingrate.

« Les témoignages spontanés de la reconnaissance de ses compatriotes sont la plus belle récompense pour un citoyen :

heureux celui qui s'en rend digne. Honneur à la ville qui vient de les exprimer d'une manière aussi simple que touchante.

« Héritiers du nom de Ney, nous avons vu avec attendrissement cet hommage civique rendu à la mémoire du Héros que nous pleurons encore. Nous voulons, monsieur le Bourgmestre, que vous sachiez à quel point mes frères et moi nous y avons été sensibles.

« Recevez donc, je vous prie, Monsieur, nos remerciments et ceux de notre mère pour vous en particulier, monsieur le Bourgmestre, et faites-les agréer à messieurs les Souscripteurs qui ont pris part, ainsi que vous, à la cérémonie patriotique dont Sarrelouis vient d'offrir le noble spectacle.

« Veuillez, Monsieur, croire aux sentiments de haute considération avec lesquels j'ai l'honneur d'être votre très-humble et très-obéissant serviteur.

Signé: « NEY, prince de la Moskowa.

« Paris, le 10 novembre 1829. »

FILS DU MARÉCHAL NEY.

NEY (Louis-Félix, Duc d'Elchingen), Officier de la Légion-d'Honneur, nommé le 21 juin 1851, Général de Brigade, en disponibilité.

NEY (Napoléon Joseph, Prince de la Moskowa), Officier de la Légion-d'Honneur, ancien Député de la Moselle, nommé le 1.er octobre 1850, Sénateur, et Général de Brigade, le 10 août 1853.

NEY (Le Comte Napoléon-Henry-Edgard), Officier de la Légion-d'Honneur, nommé le 2 décembre 1850, Colonel du 6.e hussards, Aide-de-Camp de l'Empereur, premier Veneur de sa Majesté.

www.ingramcontent.com/pod-product-compliance
Lightning Source LLC
LaVergne TN
LVHW020946090426
835512LV00009B/1725